教育部卓越中学语文教师培养改革项目阶段性成果
安徽省卓越语文教师培养计划阶段性成果

擦亮
"徽派语文"的牌子

语文教研员关于"语文"的思考与实践

俞璐　俞仁凤◎著

安徽师范大学出版社
·芜湖·

责任编辑:刘　佳

装帧设计:任　彤

图书在版编目(CIP)数据

擦亮"徽派语文"的牌子:语文教研员关于"语文"的思考与实践 / 俞璐,俞仁凤著.—
芜湖:安徽师范大学出版社,2017.9(2018.10重印)

ISBN 978-7-5676-2705-5

Ⅰ.①擦… Ⅱ.①俞… ②俞… Ⅲ.①中学语文课—教学研究 Ⅳ.①G633.302

中国版本图书馆CIP数据核字(2016)第326022号

擦亮"徽派语文"的牌子

——语文教研员关于"语文"的思考与实践

CALIANG HUIPAI YUWEN DE PAIZI

YUWEN JIAOYANYUAN GUANYU YUWEN DE SIKAO YU SHIJIAN

俞　璐　俞仁凤　著

出版发行:安徽师范大学出版社

　　　　　芜湖市九华南路189号安徽师范大学花津校区　　邮政编码:241002

网　　址:http://www.ahnupress.com/

发 行 部:0553-3883578 5910327 5910310(传真)　　E-mail:asdcbsfxb@126.com

印　　刷:江苏凤凰数码印务有限公司

版　　次:2017年9月第1版

印　　次:2018年10月第3次印刷

开　　本:700mm×1000mm　　1/16

印　　张:13.25

字　　数:205千字

书　　号:ISBN 978-7-5676-2705-5

定　　价:38.00元

目 录
Contents

细细看，多思量

——聚焦语文学科的性质

引　言

自"语文"问世以来，在命名、教学内容、学科性质的界定上，就一直饱受争议。

怎么看待既年轻又古老的"语文"？

我们以为：看待语文，不宜用"一根筋"的思维方式，多换几个角度，也许能将语文看得清楚一些吧！

一、语文是大象

名不正则言不顺，一辈子和"语文"打交道，总想把"语文"是什么弄清楚。

有人说："语文"是由两个相对独立的词语构成的，"语"和"文"是独立的概念。诚如是。"语"和"文"究竟是什么意思呢？

关于"语"的解读，各执一词。或曰书面语、或曰语言（包括书面语、口语）、或曰国语（文言）；关于"文"的解读，更是自说自话了。或曰"文章"、或曰"文化"、或曰"人文"……

因为这样，"语文"的基本特点，一直都在不断地被修正：工具性、工具性与思想性结合、工具性与人文性统一……

又因为专家们各不相让，《义务教育语文课程标准（2011年版）》便博采众长，以期统一认识——"语文课程是一门学习语言文字运用的综合性、实践性课程……工具性与人文性的统一，是语文课程的基本特点。"

就是这样的表述，还是不能服众。《语文学习》（2003年第1期）刊文：《呼唤母语课程的重新命名》，仅此可见一斑。

由此，便想到了"盲人摸象"的典故：

> 尔时大王即唤众盲各各问言："汝见象耶？"众盲各言："我已得见。"王言："象为何类？"其触牙者即言象形如芦菔根，其触耳者言象如箕，其触头者言象如石，其触鼻者言象如杵，其触脚者言象如木臼，其触脊者言象如床，其触腹者言象如瓮，其触尾者言象如绳。"
>
> （《大般涅槃经》卷三二）

语文，是不是很像盲人眼里的大象？

可是，我们都不认为是自己是盲人，都坚持自己的观点，都认为自己说的就是大象。

二、语文是个新生儿

我们不妨考察一下，这头大象从何而来。

前人学习母语，先读"百家姓""千字文""千家诗"之类，主要是集中识字。之后再学习"四书五经"，循序渐进。没有一以贯之的"语文"课。

语文独立设科，也就一百多年的历史。

1905年，清朝在废除科举制度以后，开始开办新学堂。当时的课程乃至教材，都是从西方引进的，只有称为"国文"的学科，传授的是历代古文。

五四运动爆发以后，提倡白话文，反对文言文，"国文"受到了冲击。小学改设"国语"，教材具有鲜明的口语特点，选用的都是白话短文或儿歌、故事等。中学仍设国文课，但白话文的比重明显增加，选用了鲁迅、叶圣陶、冰心等新文学作家的作品。

在20世纪30年代后期，叶圣陶、夏丏尊二人提出了"语文"的概念，并尝试编写新的语文教材，最终因日本侵略中国而被迫终止。中华人民共和国成立后，叶圣陶先生再次提出将"国语"和"国文"合二为一，改称"语文"。这一建议被华北政府教育机关采纳，随后推向全国，从此，"语文"成了中小学的一门主要课程。

从语文的渊源来看，语文其实是由"国文"（历代典范的文言文）加"国语"（典范的白话文）演化而来。

相对于我们这个古老的民族而言，它太年轻了。追溯她的祖宗，那就说来话长了。但她的父辈，明确无误的是"国文""国语"。

说到底，"语文"就是个新生儿，为这个新生儿起名的是叶圣陶。

三、语文是个万花筒

我们不妨细细地打量一下这个新生儿——

语言，就是它的皮肉，没有语言，还能称之为"语文"吗？皮肉有粗细的差异，语言也会有雅俗的区别。所以，语文的学习要兼修白话与文言，要学习各种类型的语言，甚至，包括一些方言。

文章是语言的组合，这是语文的基本骨架，没有文章，语文也就不能称之为"语文"。骨架，不能散，这就要组合。组合就要讲方法技巧，于是，逻辑、修辞、文章结构等，都应运而生。

文章是表情达意的，你说思想也罢，人文也罢，没有它没有了灵魂，因此，附着在语言中的"灵魂"是"语文"不可或缺的要素之一。但这灵魂不能凭空而来，因此便有了体悟、探究、积累等。

这样看来，字、词、句、段、篇、语法、修辞、逻辑等，所有这些，无一不是这个新生儿身上的东西，或是皮毛，或是血肉，或是灵魂！

仅仅这样认识，还是不够的。

小时候，看万花筒，实在觉得神奇。透过筒眼往里看，就会看到美丽的花。稍微转一下，又会出现另一种花。不断地转，就能看到不断变化着的各色各样的花。

学过物理之后，才知道那些变化无穷的花，其实就是一些各种颜色的碎玻璃片。

语文中，最基本的元素是字，这些字就是万花筒里的玻璃碎片，单个字是微不足道的，一旦组装起来，便是缤纷的世界。在这个世界里游览，你可以从众，也可以有自己独特的体验，趣味是无穷的！

从这个意义上讲，语文就是一个万花筒。她是动态的、变化的。认识她，必须依靠自己的眼睛和心灵。

四、语文是头发

莫言说："文学就像头发。很多人即使是大秃瓢也能健康地活着，只是个美观问题。不过你看那挖出的上千年的古墓，连骨头都成泥土了，唯一存下来的是头发……"

在我看来，语文就是头发。

看过太多的回忆教师的文章，文章中绝大多数的主角都是语文老师。

也听过许多的回忆。每当忆起老师时，总是记得这个老师的品质、个性，而并不是这个老师教了他怎样的一些具体的知识。

岁月流逝，总有一些东西淘汰了，也总有一些东西积淀了。细细想想，在我们求学过程中，哪些知识让我们终生受用？我以为，唯有语文能让我们终生受用！

母语中，凝结的是我们这个民族的灵魂，只要是中国人，你就是汉语的子民。只要汉语存在，汉民族就会存在。

语文，就是汉民族的头发。追溯过去五千年，遥望将来五万年，当一切都成为历史的时候，语文必将留存。

只不过，我不能肯定，她还叫不叫"语文"。但我想：即使换了个名字，她的本质依然不变。

五、语文是有生命的

少上一节数学课，行吗？不行，因为它有知识的序列。

少上一节语文课，行吗？行的，因为这节课与上节课没有本质的差别。

语文课，几乎就是字词句段篇，循环往复。学生的兴趣，在循环往复中耗尽了，教师的智慧，也在这种循环往复中磨灭殆尽了。

语文似乎成了鸡肋，食之无味，弃之可惜。

现实虽然有点残酷，可是，我依然认为：语文不是鸡肋。

她有自己的知识体系。譬如修辞、语法、表现手法等。若干年前，魏书生教初中时曾构建了"知识树"，他将初中语文中的知识用"树"的形式构建起来了，这至少说明，语文有自己的知识体系，只是很多人没有系统地梳理罢了。

更奇妙的是，她有自己的灵魂。单个的字，是枯燥寡味的，当字词组合以后，那些诗文都是鲜活的、灵动的，甚至，透过这些诗文，我们能和先哲对话。

当我们读《子路、曾皙、冉有、公西华侍坐》时，仿佛聆听到孔子在和子路、曾皙、冉有、公西华谈话，真的有如沐春风的感觉。

当我们读《鲁提辖拳打镇关西》时，我们为鲁提辖的三拳而痛快着，也为鲁提辖的命运深深担忧起来。

当我们读《阿Q正传》时，我们在阿Q身上，照见了自己的影子，便自觉地想着"革命"了。

一句话，语文，是有生命的学科。语文的生命，天长地久！

六、语文不是静止的

苏轼当年看庐山，悟出了一种哲理，有诗为证："横看成岭侧成峰，远近高低各不同。不识庐山真面目，只缘身在此山中。"

苏轼告诉我们：看山要跳出山外，否则，你是不能真正认识庐山的。看待事物也是一样，不跳出俗事本身，你就看不透事理。

可是，他眼中的庐山还是静态的。

语文，不是庐山。仅就语文教材而言，就一直在变化着。

原来的教材，只有一个"人教版"。现在的教材，多种版本并存。

版本越来越多，选文越来越丰富，这本身就是一个变化的过程。此外，在教法上、在学法上，都在变化着……

语文，从来都不是静态的。要认识语文，必须观照语文的过去、现在，乃至于将来。

动态的语文，恰恰说明了：语文还在不断地发展、变化着，我们有理由相信，语文的未来一片光明。

七、语文不是万能的容器

人毕竟是人，它不是狼，也不是熊。虽然，他们都是动物，他们有共性。

语文就是语文，她不是历史，也不是政治。可我们常常犯糊涂，比如说——

品德的建构。品德的建构，是语文教学的任务吗？那我们设立的"思想品德"课做什么？可是，倘要说语文教学与之无关，似乎也不负责任。

传统文化。在传统文化中，具有重要影响的有儒释道三家，具体而微的文化数不胜数——服饰文化、酒文化、茶文化、侠文化、水乡文化……所有这些文化，都是语文应该传承的吗？换言之，是语文教学的内容吗？可是，倘要说语文教学与之无关，似乎又说不过去。

历史。历史课已经单独设科。举凡评价历史人物、事件，甚至包括对史书的评价等，这些是语文教学的内容吗？可是，倘要说语文教学与之无关，似乎很荒唐。语文教师常常做着历史教师应该做的事情。

关注社会生活。试问，在我们开设的所有学科中，有哪一个学科是不需要关注社会生活的？要密切关注时下生活的，首选政治。当然，语文也有这样的责任。

以上种种事实，说明了一个简单的道理：有些人一直以为语文是万能的容器。于是，喊出了这样的口号——"生活的外延有多大，语文的外延就有多广"。可是，这些人几乎忘了一个简单事实：语文仅仅是众多学科中的一门，她已经和"经史哲"分家了。

我以为，语文不是万能的容器，不要什么都往里面填！

工具性是第一位的，也就是说听说读写的能力培养是第一位的。"人文性"不是独立的，它附着在"工具性"之中。

我甚至还觉得，有些人也把人文性当作一个万能的容器了！

语文学科，一直不纯粹。

结　语

语文，是学习母语的一门课程。不同的学段，有不同的任务。"工具性和人文性的统一"是这门学科的重要特点，但不是她的全部。

语文，是一门具有阶段性的基础课程。尽管她可以分为小学语文、中学语文，甚至大学语文，但大学里没有对应的"语文系"。换言之，一旦走向更高的层面，她就要更名换姓了。

语文的渊源太深，超过所有学科。可是，作为一门独立的学科，她资历太浅。但她的未来，不可限量。

冷眼看热闹

——换个角度看待语文的热点问题

引　言

语文，是我们的母语。就像每个儿子了解自己的母亲一样，亲切而熟悉。因为这样，每个人都能说点什么。看看流行的一些观点，似乎感到：我们对待母语有些轻率了，缺少了一些敬畏。

一、少慢差费

1978年，吕叔湘先生说："中小学语文教学效果很差，中学毕业生语文水平低，大家都知道，但是对于少、慢、差、费的严重程度，恐怕还认识不足。"（《人民日报》1978年3月16日）此言一出，语文老师自觉反省，然后，成群结队去寻找"多快好省"的路了。

三十多年过去了，"多快好省"的路似乎还没有找到。只怕是老账未了，新债又添。这不，近年来，又有了新的问题：一是，少慢差费的现象没有根本改观；二是，警惕新的少慢差费的产生。

静心想想——

1978年，"科学的春天"还没有到来呢，吕叔湘先生这样说，振聋发聩。其实，那个时候，不止是语文，也不止是教育，整个国家都在百废待兴。那时的语文教育的确是"少慢差费"，可是，又有哪一个学科不是"少慢差费"的呢？要说最差，英语学科当之无愧。差到何种程度？上大学后，从ABC开始学。

因此，吕叔湘先生所谓的"少慢差费"是打上时代烙印的。那就是个"少慢差费"的时代，岂止语文！

世易时移——

今天的语文教育怎样了呢？

我一直以为，没有比较，很难分出高下。拿同属于"语言和文学"领域的英语比较吧：

一个合格的高中生，1小时内要写出不少于800字的文章，且要文通字顺，结构完整，立意深刻新颖；而英语呢，只要用150个单词，写一段语法正确的文字，对语言的掌握要求大体相当于小学语文的水平。

一个合格的高中生，大体上能够读《史记》；而英语呢，对于高中生来说仅仅要求他们能进行简单的日常会话吧。

在课时上，语文、英语大体相当。要论家长、学校、社会的重视程度，语文则自愧弗如。

这还能叫"少慢差费"吗？

我最怕语文人自己看不起自己！

再想想：母语教学，能够速成吗？假如识字可以速成，对文本的涵泳批评也能速成吗？皓首穷经，那是一辈子的事情哦。

从孔子到近代语文教育家，他们讲过语文教学要多快好省的吗？绝没有。多快好省不适合语文教学。

语文教学，当然需要"与时俱进"。但要改进的恐怕不是什么"少慢差费",也不是追求"多快好省"。我很同意钱梦龙先生说的"回归常识"。

"我们已经走得太远了,以致忘记了当初为什么出发!"纪伯伦的话,足以让我们警醒。

二、误尽苍生

洪禹平先生的《误尽苍生——也谈语文教育》发表在《北京文学》1998年第3期上,只有一个主题:语文教育误尽苍生!

其后,余音袅袅,诸如"肢解文本""虚伪写作""缺少人文关怀"等,不绝于耳。

语文,真的"误尽苍生"了吗?

大道理不说了,假如还有良知的话,我想请教:你认识的汉字,是不是语文老师教你的?教你识字的老师,误你了吗?

我还想请教:在你离开学校以后,除了你从事的专业以外,真正陪伴你一生的,是不是语文呢?

……

语文教师恪守着"忠诚党的教育事业"的信念,需要我们把握政治性的时候,我们犹豫过吗?需要我们肩扛人文大旗的时候,我们犹豫过吗?每次改革,语文学科不都是冲锋在前的吗?

不唯如此,语文学科还想着"大语文"教学呢,生活的外延有多大,语文的教学外延就有多大,见过有如此气魄的学科吗?

语文教师,真的是尽心尽力。皓首穷"教"是真的,要将"误尽苍生"的帽子扣到语文教师的头上,我想喊冤,而且,希望那些"专家"能够听得到。

谩骂,固然可以泄愤,却不能解决存在的问题。语文,也是一门学科。面对母语教育,我们应该持一种敬畏的态度,而不是谁都可以指责,谁都能信口开河!

三、莫言获奖与语文教育

2012年，莫言获得了诺贝尔文学奖。

按说，这是诺贝尔奖与莫言的事情，但身为炎黄子孙，为此多了一份自豪而举国欢庆，也是情理之中的事情。可是，想不到的是：莫言获奖又将语文教育拉出来示众了！

或曰：特殊的环境成就了莫言，倘若莫言接受了中学语文、大学语文的教育，绝无获奖可能。

或曰：语文教材的选材就是有问题，为什么莫言作品没有选入中学教材？

或曰：中学选修课，应该增加选修莫言作品的课程。

或曰：莫言获奖，其实是羞辱了我们的语文教育。语文教育，应该在莫言获奖中反思。

……

这让我想到了韩寒。《三重门》出版以后，自然是一通喧嚣，喧嚣声里自然少不了对教育批评。

面对批评，我们有没有认真想过：中小学语文教学承担着培养作家的任务吗？换言之，作家是语文教育能够培养出来的吗？

鸽子，只能生出鸽子蛋。倘以为鸽子蛋太小，那应该去找恐龙。一味要求鸽子生出恐龙蛋来，就是要了鸽子的命，那也是不能够的。

真正要讨论莫言获奖的原因，那原因一定是多方面的。譬如：

莫言获奖，和识字有关，倘不识字，是一定写不出《蛙》来的。至于识字，和语文有没有关系，我也不敢妄言，说多了，还以为我们要和流行的观点唱反调呢。

莫言获奖，和遗传有关，和他的个性有关，和他的生活经历有关。莫言就是莫言，莫言获奖，其实是不可复制的。

莫言获奖，值得庆贺。语文教育没有沾光也就罢了，怎么反而要检讨了呢？这太不公道了，这样的说法很值得推敲。

四、80%的语文教师不合格

2012年11月中旬，安徽省教科院在合肥举办了一个"语文教育管理论坛"的会议，这个论坛只有市级语文教研员及部分有语文背景的名校校长才有资格参加，规格较高，影响自然也大。

主办单位特别约请了省外某位著名专家来做专题报告，报告内容很精彩，有些观点也是第一次听到，例如"80%的语文教师不合格"。

"假如一个数学老师不会解题，一个化学老师不会做实验，他就不是一个合格的老师；假如，一个语文老师不会写作，他就不是一个合格的语文老师。懂得写作且能写出作品的，不足20%。因此，80%的语文老师不合格。"

假如，80%的语文老师都不合格是真的，那责任在哪里？那只能说，高校的教育是不合格的，教育行政部门的教师资格认定也是不负责任的。

反过来想，是不是会写作、能够写出作品来的就是合格的语文教师呢？依我看，韩寒就不适合做一个语文教师。

正着反着说了半天，还是言不尽意，判断语文老师是否合格的标准究竟是什么？

古人以为，捞个秀才就可以开馆授徒了，也就可以做个名正言顺的"先生"了；现在呢，大学中文系毕业可以教高中语文，专科毕业可以教初中，中师毕业可以教小学，这些都是明明白白的。怎么一下子，就有80%"不合格"了呢？

语文教师的专业素养是多方面的，上要知天文，下要知地理，最低要求，也要把字写得漂亮些。仅仅看重写作，怎么看也是偏执一端的。

世上没有100%的金子，哪里会有100%合格的教师呢。如说少数不合格，那可能是真的。倘若说80%不合格，一定是危言耸听了。

假如以自己的长处，来看别人之短，别人全是短处，"80%不合格"就是这样来的吧！语文老师不必当真，日子还要一天天地过下去呢。

五、高效课堂

每一节课，都应该有属于这节课的教学内容。教学内容没有完成，这节课就有问题。完成了既定的教学内容，就完成了这节课的教学任务。这个道理，明明白白。

但近年来，我们却高举起"高效课堂"的大旗，要向课堂教学要"效率"！

效率，是什么？通俗地讲，就是单位时间内完成的工作量。就课堂教学而言，应该指一节课教学了多少内容。问题是，将两节课的内容在一节课上完，这还真的不是什么"高效"，倒有点"搞笑"的意味了。

比如吃饭吧，为了提高效率，能将两顿饭合成一顿饭吃了吗？为了提高效率，就应该提倡狼吞虎咽的吃法吗？如果真的这样做了，效率是高了，却与吃饭的宗旨相悖了。

教学是需要循序渐进的，揠苗助长违背常识。

但"高效课堂"还在蓬蓬勃勃地发展着，方兴未艾。且有了一定的套路：课前"导学案"引路，课后"练习"巩固，课中老师的讲解不能超过15分钟等。课堂不断地向课外延伸，学生的课余时间不断地被占用，这样的"效率"，究竟是增负，还是减负？

记得在一次研讨会上，大家谈论到一个奇怪的现象：现在的大学生痴迷游戏，这是不可思议的。我们倒以为，这很正常。该他们玩的时候，他们却背负了沉重的课业负担，他们玩不起；现在，没有课业负担了，他们便要补起童年缺失的乐趣。

现在，"90后"的年轻教师也渐渐走上教坛了。他们现身说法，带着自己学生在题海中遨游，比起中年教师，有过之而无不及。

现在的中小学生仍然未彻底摆脱应试教育的桎梏。

面对这样的情况，有责任感的行政人员、老师们，是不是该做点什么？

有人早就看到"高效课堂"的负面作用，而提出"有品质的课堂""绿色课堂"等，可惜的是，呼应者寥寥。

今天，我们高举"高效课堂"的大旗，也许，明天就能易帜了。我们的教育理念更新太快，这一点我们倒是坚信的。

当我们重新举旗的时候，真心希望选旗的人能更多地考虑：现在的课堂究竟缺少什么？在我看来，我们的课堂教学最缺少的是"快乐"。

教师快乐，学生也快乐，这不是很好的事情吗？

六、课堂生成

在"长三角语文论坛"上，在"长三角名校联谊会"上，在不同的时间和地点，听了许多节来自长三角的名师的课，听了许多位"专家"的评课，忽然发现一个问题：课堂教学中的"预设与生成"，一直在吵架。

一种似乎是主流的声音，在高扬：没有"生成"的课堂，就是失败的课堂。在这种观念的引导下，许多老师便认为：只要是课堂"生成"的，就是教学的重难点，就必须予以关注和解决。同时，又认为，课堂教学中，预设的痕迹太重，就是"做课"，就是"守旧"，就应该遭到批评。

为此，我们有了以下疑惑。

疑惑一：教学到底要不要预设（设计）？面对这样的问题，恐怕没有人会给出否定的答案。即便是再高明的教师，也不会不要"教案"的。教案是什么？说白了，就是一种教学"预设"。

疑惑二：课堂教学中生成的问题，常常因人而异。一个学生生成一个问题，30个学生就有30个问题，50个学生便有50个问题，倘要全部关注，能关注过来吗？

疑惑三：一节课有一节课的教学任务，要解决教学中的生成问题便不能完成教学任务，怎么办？

疑惑四：课堂生成的问题，是个性的还是共性的？假如是个性的问题，那其他学生不成了"陪客"了？

......

我很担心，借了"课堂生成"的名义，而弱化了教学的预设。这样的担心，并非没有道理，借了"课堂生成"的名义，常常是借题发挥，犹如脚踩西瓜皮的教学课例，已经并不鲜见了。

预设和生成，最不应该吵架。课堂教学需要预设，没有预设的课堂教学是一盘散沙，教师是不负责的。课堂教学也要关注生成，不关注生成的教师，眼里是没有学生的。既要预设，又要生成，这才是正途。

用"生成"反对"预设"，实在是矫枉过正了。在实践中，走上了极端的一些人，恐怕应该回头看看了。

七、语文的外延与生活的外延

有这样的一句话，语文老师耳熟能详：生活的外延有多大，语文的外延就有多广！

面对这样的命题，很多语文教师都在附和。更有甚者，还自觉地喊起了"大语文教育"的口号。

冷静地想一想：什么是生活？生活的外延有多大？

《孟子·尽心上》："民非水火不生活。"生活的本义，就是指生存。没有水火，人是不能生存的，这是至理。这样看来，举凡与生存有关的一切活动，都是它的外延。包括职业生活、个人生活、家庭生活、社会生活等。

换言之，人类的一切活动，都被包括在生活的外延内。吃喝拉撒睡，酸甜苦辣咸全部包容在内了。

还有什么能够属于生活的外延呢？有的，那就是反映生活的文学作品。但语文不是文学作品。

语文的外延，能等同于生活的外延吗？

中小学语文，仅仅是一门基础学科，听说读写才是它的主要任务。讲品德修养，有思品课；讲历史兴衰，有历史课；此外，还有数理化各门学科呢！语文，究竟算哪根葱，就把"生活"全部揽进来了？

15

你听过"生活的外延有多大，英语的外延有多广"，或者"生活的外延有多大，俄语的外延有多广"吗？

有些专家，把语文弄得太复杂，甚至想让语文肩扛起所有的任务。这类人是不是忘了一个基本的史实：语文独立成为一个学科以后，实际上已经和"经史哲"分家了。譬如兄弟分家，虽然有血缘关系，但毕竟自立门户了。语文，只是文科这个大家庭中的一个成员，为什么要把自己打扮成"江湖老大"呢？

生活的外延太大，语文学科玩不起！语文老师，更玩不起。

八、应试语文

人人都在批评应试教育。其中，尤以语文为甚，且理由特别充足。说什么应试语文压迫了学生的心灵、肢解了语文的美、扼杀了学生的创造力、使语文教学陷入僵化无趣的泥沼……

既然如此，语文学科去掉考试怎么样？没人敢说！

既要考试，教学就会被考试牵着鼻子走。要达到"你考你的，我教我的"的境界，几无可能。

然而，就有人不这样想。偏偏要固执地强调：语文教学要摆脱考试的影响。假如真的如此，学生答应吗？家长同意吗？学校领导允许吗？这很像痴人说梦！

语文应试教育的弊端的确存在，但不是语文教师的责任，根源在于考试。

懂行的人，也在疾呼：改革考试。可是如何改呢？

试题的模板，追根溯源，会聚焦到高考试题上。而追踪高考试题的来源，就会聚焦到"全国统一考试大纲"上。

假如要改革考试，首先需要修订"全国统一考试大纲"。到了这个层面，很多的"专家"都自觉地止步了！

回过头来，再骂几句应试教育，这种"隔靴搔痒"做法，还真叫人看不起!

其实语文学习，有它的阶段性，小学、初中、高中学段不同，学习内容也应该不同。高考时，语文有必要考查字词句段篇，要面面俱到吗？

语文考试内容，总是在不断地循环往复，而每一个循环，都是从原点（字音、字形等）开始的！

其他学科就不这样。譬如数学，高考试题中能出现加减乘除的试题吗？不会的，那是小学内容。加减乘除都不会，还能解题吗？

其实，语文也一样，字词句都不通，还能写作吗？但语文的考试与教学，都是从字词句开始的。每一次出发，都从原点开始，这要多走多少路啊，能不累吗？

师生都累，师生都苦，谁愿意受苦受累？

少些指责吧，想些办法，能促进《语文考试大纲》的修订，那才是功德无量的事情！

九、"上辈子杀了人，这辈子教语文"

语文教师中，流传着这样的话："上辈子杀了人，这辈子教语文。"虽系调侃，但教语文、学语文的兴趣都在下降，却是不争的事实。

在"语言和文学"这个学习领域里，语文和英语并列，地位似乎同等。可是，在现实生活中，人们对英语的重视已经远远超出语文了。

大学生说，过不了"英语四六级"就拿不到学位证书，这能马虎吗？

考研者说，英语不达到国家线，你就进不了这扇门，敢不认真吗？

求职者说，应聘职位大多注明了要考英语，不好好准备，行吗？

……

在市场化了的现实社会里，语文的确被轻视了。汉语似乎蜕化为交际工具了，而英语也变成了敲开功利之门的一块砖头。

但我以为，长远地看，这种情况一定会改变的。

改革开放初期，广东人有钱了，广东话也跟着流行起来。现在，我们之所以"疯狂英语"，根本上还是缺乏自信。当我们的国家真的强盛了，那么，全世界就会疯狂地掀起"学汉语"热了。

语文的地位，不是"语文"本身能够决定的，它与国运紧密相连。我们的国家强大了，孔子学院就会在世界各地生根发芽、到处开花结果。

我们的国家正在一天天地强大起来，当"中国梦"变成现实的时候，语文的地位也会随之改变。

我们心中的语文，不仅仅是一门基础学科，她有更多的内涵，其中的文化积淀，是我们这个民族的根，它凝聚着民族的情结，也凝聚着民族的心。

语文，与中华民族荣辱与共。想到未来，我们就没有了气馁的理由。

我们依然坚信：人决不会沦落为"经济的动物"。一个真正的强盛的国家，她的文化也必然强势。

我们期盼这一天早日到来，我们期盼语文教师中流传这样的话：

"上辈子勤修行，这辈子教语文！"

结　语

熟悉母语，并不意味着了解"语文"，更不意味着了解语文教学。在语文教育中，是存在着许多问题，可是，其他学科教育也一样存在着问题，这不是什么大不了的事情，在我们看来，这是改革中的正常现象。

我们没有理由矮化母语，更不能否定母语教育。假如，还知道"儿不嫌母丑"的道理，就应该给我们的语文教育提一些建设性的意见，而不是一味批评、讽刺、挖苦。

盘点我们的家底
——漫谈语文教学法

引　言

　　语文教学，当然有方法，也会出现一些模式。方法也罢，模式也罢，它们究竟发生过怎样的变化？

　　盘点一下吧，了解自己的家底，以便更好地前行。

一、"红领巾"教学法

　　"红领巾"教学法，指新中国成立初期，苏联教育专家普希金（一译普希金娜）在北京女六中指导讲授《红领巾》一课时所运用的教学法。

　　这种教学法，源于《苏联中学文学教学大纲》。这个大纲规定了分析一篇文学作品，必须要有"五个步骤"，即：介绍作家和作品的时代背景、阅读、分析、结束、复习。

它的常规程序是：感知、理解、巩固、运用。其基本要素包括：①解题，介绍作者和时代背景；②初读（或范读）课文，讲解生字词；③分析课文，即教师串讲，一般是分析结构、段落层次、大意，这是教学重点，也是一般听课、评课的重头戏；④总结中心思想；⑤总结写作特点；⑥课堂练习或布置作业。

在"向老大哥学习"的特殊年代里，我们基本照搬苏联教学模式，形成了我国中小学语文教学的一种通行的现代文教学模式。

这种模式，一直沿用到改革开放初期。

老师按照这个模式教，考试也按照这个模式去考，作为学生也只能按照这个模式去学习。

二、启发式教学

改革开放以后，语文教学法也跟着改革了。起初的口号就是：反对注入式，提倡启发式。

注入式教学，在我国俗称"填鸭式教学法"，是一种将现成的知识结论生硬地灌输给学生的一种教学方法。这种方法不考虑学生学习认识过程的客观规律，以及他们的理解能力和知识水平，强迫学生死记硬背，主观地决定教学进程。

也许，我们以为这种教学法是我们传统中固有的。可是，当我们了解"红领巾"教学法及其影响，了解了"红领巾"教学法的刻板的程式及其教学的重点，我们终于明白：注入式教学与"红领巾"教学法联系紧密，撇不开关系。

注入式教学把学生看成接受知识的容器，这种观念显得陈腐、落后。

启发式教学呢?

据专家说，它源于孔子的"不愤不启，不悱不发"，《学记》中又将其发扬光大，所谓"道而弗牵，强而弗抑，开而弗达"，即主张启发学生，引导学生，但不硬牵着他们走；严格要求学生，但不施加压力；指明学习的路径，但不代替他们达成结论。

也有论者指出，稍后于孔子的古希腊思想家苏格拉底的"问答法"（又称"苏格拉底法""产婆术"）与孔子的这一思想不谋而合。他们的相同点在于：启发学生思维，反对灌输知识。

总之，启发式教学是人类文明的遗产，它源远流长，好处多多。经过发掘整理，确定它是金子，它应该金光灿灿。因为，它有以下特点：

（1）强调学生是学习的主体，教师要调动学生的学习积极性，实现教师主导作用与学生积极性相结合；

（2）强调学生智力的充分发展，实现系统知识的学习与智力的充分发展相结合；

（3）强调激发学生内在的学习动力，实现内在动力与学习的责任感相结合；

（4）强调理论与实践联系，实现书本知识与直接经验相结合。

在倡导启发式教学的过程中，我们确实收获了很多，也改变了注入式教学的现状。但它也不是包医百病的神药，在实践过程中，我们也发现了一些问题，比如：将"启发式"简化为"问答式"，课堂教学由原来的"满堂灌"变成了"满堂问"！

三、合作探究

随着教学改革的不断深入，《课程标准》替代了《教学大纲》。随着《课程标准》的陆续颁布，新一轮课改开始了。

新一轮课改，力度之大，前所未有，教育主管部门积极组织教师进行培训，并规定"不经培训，不能上岗"。教师全员培训的大幕拉开了。

培训的理论精髓是"建构主义"。

在培训中，教师们记住了大量的建构主义的代表人物，如皮亚杰、科恩伯格、斯滕伯格、卡茨、维果斯基等，也记住了大量的名词术语，如图式、同化、顺应、平衡等。

如此深奥的理论，决不是几天的培训就能学通的。倒是在教法上，还是有明确的导向：合作探究。

之后，课堂上小组合作活动便轰轰烈烈地展开了。

起初，小组内有组长、书记员、汇报人等明确分工，教室里秧田式的座位也打乱了，很是热闹了一阵。

后来慢慢发现，合作探究，仅仅是学习方法中的一种，决不是全部。渐渐地，教室里又恢复了秧田式座位。

现在，公开课里仍然还能看到"合作探究"的影子："前后左右，互相讨论。"但评课时就会有教师质疑：这是真探究，还是假探究？

质疑归质疑，但合作探究的学习方式，还是被广大师生接受了。

四、六步教学法与三主四式

从"红领巾"教学法，到启发式教学法，再到合作探究法，这是一条十分明显的主线，产生了广泛而深刻的影响。

还有一些教学法，也同样产生了轰动效应。"南钱北魏"，他们的教学法，就是其中的代表。

"南钱"，指的是上海的钱梦龙老师，他创造了"三主四式"导读教学模式。

"三主"是导读教学的指导思想。"三主"，即"以学生为主体，教师为主导，训练为主线"。

"四式"是导读教学的表现形态。即自读式、教读式、练习式、复读式。

"北魏"，指的是辽宁的魏书生老师，他在多年教学实践经验的基础上提出来了"六步教学法"。

基本程序包括定向、自学、讨论、答疑、自测、自结。

定向：确定教学内容的重点、难点，并告诉学生，使之心中有数，方向明确。

自学：学生根据学习的重点和难点自学教材，独立思考，自己作答。不懂的地方，留待下一步解决。

讨论：学生前后左右每四人为一组，共同讨论和研究在自学中没有解决的问题，寻求答案。不能解决的问题，留待答疑阶段解决。

答疑：立足于由学生自己解答疑难问题。每个学习小组自觉承担一部分解答疑难的任务，剩下的疑难问题由教师解决。

自测：学生根据定向指出的重点和难点，以及学习后的自我理解，自拟一组约需十分钟完成的自测题，由全班学生回答，自己评分，自己检查学习效果。

自结：每个学生总结自己学习的主要收获。教师在成绩优秀、中等、较差的学生中，选择有代表性的学生，讲述自己的学习过程和收获，使所获得的知识信息得到及时强化。

20世纪八九十年代，"南钱北魏"就是语文教学的两面旗帜。这两面旗帜，至今还在飘扬。只不过，现在的旗帜已经太多，他们已经淹没在旗海里了。

五、百花齐放的教学方法和模式

几乎在"南钱北魏"同时，尤其在"南钱北魏"之后，教学方法与模式便百花齐放了。如：点拨法（蔡澄清）、语感教学法（洪镇涛、王尚文）、情感教学法（于漪）、情境教学法（李吉林）、愉快教学法（上海一师附小等）、成功教学法（上海闸北八中）、整体教学法（查有梁）、差异教学法（华国栋）、图示教学法（王松泉）、尝试教学法（邱学华）……

一位名师，一个学校，就能创造出一种教学方法或教学模式。

满园春色，处处鲜花！

遗憾的是，人走茶凉。譬如，安徽的蔡澄清老师退休之后，他的"点拨法"似乎也随着他一起退休了。类似的情况，比比皆是。

尽管如此，新的教学方法、模式，还在不断地冒出，有点像韭菜，割了一茬又生一茬，前仆后继，没完没了。

现在，似乎到了"教学方法、模式"多产的年代，一不留神，便产生了一个教学方法或模式。

别看现在的教学方法、模式，比夜空里的星星还多，其实，就是不断变换的时装，玩个新鲜罢了。

结 语

由于职业的关系，我们听了上千节的语文课，各种类型的课（常态课、研究课、示范课、不同类型和级别的赛课等）都听过。

我们发现了一些共性的东西，"换汤不换药"便是其中之一。

生字词是要解决的。

重要的字词，是要"品味"的。

作家及作品还是要讲的，换一个说法，叫"知人论世"。

段落还是要讲的，换一个说法，叫"提取信息"，或者叫"概括内容及思路"。

主题不能不讲，换一个说法，叫"主题探究"。也可以联系现实，这也要换一个说法，叫"拓展延伸"吧。

无论教学怎样的文本，也无论教师如何进行设计教学，上述内容几乎都会在教学中呈现出来。

换汤不换药，变换的是形式，不变的是内容。

一篇文章，肢解开来，从字词句开始，到篇章结构，再到主旨技法，大抵如此。

对于肢解文章，很多专家都提出了疑问和批评。问题是，假如不"肢解"，语文又该教什么？

教什么？其实是教学内容的确定，这的确是个大问题。首先在于"方法和模式"，"怎么教"的问题还在其次。这样看来，轰轰烈烈的语文教改，如果将很大的精力投入到"方法和模式"探索、建构之中，是不是有点本末倒置了？

常回家看看
——简论传统语文教学方法

引　言

语文的历史，源远流长。

在漫长的历史中，积淀了很多的教学经验和学习方法，那可是先贤们留下的宝贵财富。

常回家看看，也许，我们就有新的发现，就会得到新的启示。

一、习　字

唐张怀瓘《书断·王羲之》有这样的记载：

> 晋王羲之，字逸少，旷子也。七岁善书。十二，见前代《笔说》于其父枕中，窃而读之。父曰："尔何来窃吾所秘？"羲之笑而不答。母曰："尔看用笔法？"父见

其小，恐不能秘之，曰："待尔成人吾授也。"羲之拜请："今而用之，使待成人恐弊儿之幼令也。"父喜，遂与之。不盈期月，书便大进。

从以上记载中，我们可以看到：古人十分重视习字，且习字还有许多讲究。

对汉字的书写，我们有自己的传统。学习书写的主要方法有：

1. 描红。鲁迅小说《孔乙己》里就提到了描红："因为他姓孔，别人便从描红纸上的'上大人孔乙己'这半懂不懂的话里，替他取下一个绰号，叫做孔乙己。"描红是我国传统的习字法，是指在印有红色字或空心红字的纸上摹写，是初学写字时的最好训练方法之一。

2. 临帖。临帖，是很重要的学习方法。学习者将字帖置于案前，观察字的形态、结构、笔画，领会其精神，再下笔仿写。临帖的次数越多，临帖的范围越广，基础就越牢固。

临帖的起步阶段，还有米字格、方块格等的限制，之后，此类限制渐渐消弭。

习字，是幼学阶段的"必修课"，但又不仅仅限于幼学阶段，它可以伴随人的终身。《书林纪事》记叙了文征明习字，如下：

征明临写《千字文》，日以十本为率，书遂大进。平生于书，未尝苟且，或答人简札，少不当意，必再三易之不厌，故愈老而愈益精妙。

遗憾的是，这种传统被我们慢慢遗忘了。如果单从写字上来看，我们真的是一代不如一代了。

2013年2月7日，我看到一则关于习字的新闻，倘能真的如此，倒是一件十分值得高兴的事情。抄录如下：

新华网北京2月7日电　根据教育部网站7日公布的《中小学书法

教育指导纲要》，从今年春季开学开始，书法教育将纳入中小学教学体系，学生将分年龄、分阶段修习硬笔和毛笔书法。

二、集中识字

识字教育，始终是语文教学的一个重点内容。在这个方面，前人下的功夫特别大，积累的经验也非常丰富。最富有成效的做法，是集中识字。即在比较短的一段时间（一年上下）内，集中地教儿童认识一批字——两千字左右。

清人王筠在《教童子法》说：

> 蒙养之时，识字为先，不必遽读书。先取象形、指事之纯体教之。识"日""月"字，即以天上日、月告之；识"上""下"字，即以在上在下之物告之，乃为切实。纯体既识，乃教以合体字。又须先易讲者，而后及难讲者。……能识二千字，乃可读书。

在王筠看来，集中教儿童认识两千字，然后才可以教读文章。

集中识字，其实是我国语文教育的一个传统。

前人，为了方便学生集中识字，曾呕心沥血编写了很多的识字课本。

如：成书时间约在公元前40年的《急就篇》，全书共2 144字（据前人考证，最后的128字是东汉人补加的）。

唐代以下，《急就篇》逐渐被新起的识字课本所代替，其后，典型的识字读本有"三，百，千"等。《三字经》《百家姓》《千字文》三本教材合起来，总字数是2 700多字，除去重复的字，单字有2 000多，符合初步识字阶段的要求。三本教材互相补充，形成了较为完备的识字教材。儿童可以很快地学完一本又换一本，耗时不长（总共大约一年），且有新奇之趣。

这样看来，古人对待识字，有比较成熟的经验。已经开发出了尽量避免单字重复、用韵文写成、有一定意义的专门的识字教材，其方法主要是集中记诵。

面对这些较为成熟的经验，我们继承了多少？在识字教育上，我们真的超越前人了吗？

三、读诵吟唱

汉字，是形、音、义的结合体。

我们通常讲，"读"要眼到、心到，那就是说，"读"在关注字音之外，还要关注字形与字义。读，通常是指看着文字念出声来。在读之外，还有"诵、吟、唱"。

诵，就是用抑扬顿挫的声调有节奏地读。"诵"的对象一般是指古文。

吟，就是拉长了声音像歌唱似的"读"，它不需要用乐器伴奏。"吟"的对象一般是古诗。

"诵"和"吟"有相同之处：都是用抑扬顿挫的声调有节奏地读；表现出语言的音乐美；行腔使调时可表现出一定的随意性。

唱，是依谱行腔，对乐谱不可随意改变，通常情况下要用乐器伴奏。"唱"的对象一般是律诗和词曲。

读诵吟唱，是千百年来已经证明了的高效的学习方法。这种方法中包含了句读、格律、结构、修辞等一系列的知识，运用这种方法，不仅方便记忆，还能帮助理解作品，甚至还能帮助培养创造力。

读诵吟唱，是汉语古诗文的活态。在吟诵中，包含了很多语言本身所没有的意义，这些意义也是附着在诗文中一起流传的。我们看到的古诗文的文本，从某种意义上讲，是静态的，它已经不是古诗文的原貌。

现在，我们继承下来的，似乎只有"诵读"。"吟"，基本丢失了；"唱"，已经交给音乐课了。我们只能在特定比赛（如"古诗文吟唱比赛"）中，偶尔一见了。

即便在早读课上，更多的也是在读外语了。真的思念《从百草园到三味书屋》中的寿镜吾老先生——

只有他还大声朗读着：

"铁如意，指挥倜傥，一坐皆惊呢；金叵罗，颠倒淋漓噫，千杯未醉嗬……"

我疑心这是极好的文章，因为读到这里，他总是微笑起来，而且将头仰起，摇着，向后面拗过去，拗过去。

四、批　注

批注，是最常用的读书方法。在阅读过程中，只要心有所感，便做圈圈点点，笔墨随录，三言两语，随手批写在书中的空白地方，它是阅读者的自身感受，体现着阅读者别样的眼光和情怀。

批注的历史源远流长。往早里说，"《春秋》三传"，其实就是批注《春秋》的。再往后说，金圣叹几乎穷毕生精力在做着"批注"的事业，他批《水浒传》《西厢记》《左传》……

古人说，不动笔墨不读书，只要动了笔墨，就与批注关联。

批注的内容，涉及方方面面：赏析语言特色、评点人物、生发联想、剖析写法、批判文本、质疑问难……

批注的位置，可以是"眉批""首批"（批在书头上），也可以是"旁批""侧批"（批在字、词、句的旁边，书页右侧），还可以是"尾批"（批在一段或全文之后）。哪里有空，就往哪里批。

批注，还有一些特别的符号。如："﹏﹏"，提示阅读中发现的精辟的、重要的词句；"。。。。"，提示阅读中发现的疑难词句；"＿＿"，提示阅读中需要着重领会、加深理解的词句。

每读一次，就有一次不同的批注，读的次数越多，批注越多，理解也就越深。这是常理！

现在，我们教学生这样读书吗？

追问一下：即使是语文教师，我们还这样读吗？

五、个性读书

在追寻古人的读书方法时，你会发现：读书，是极具个性的事，常常因人而异。

孔子倡导"学思结合"的读书方法，他说："学而不思则罔，思而不学则殆!"

东汉思想家王充，他"少孤……好博览而不守章句"，博览是王充的读书方法。

诸葛亮的读书方法是"观其大略"。无独有偶，陶渊明读书，"不求甚解"。

韩愈的读书方法是"提要钩玄"。旨在抓要点，明主旨，以便直探本源，提取精粹的内容。

欧阳修的读书方法是"计字日诵"。每日定量计字，细水长流，积少成多，则是欧阳修实践过并且证明是行之有效的读书方法。他说过："虽书卷浩繁，第能加日积之功，何患不至?"

苏轼的读书方法是"一意求之"。这种的读书法的最大特点是"求一"，即在阅读过程中，每次只解决一个问题：或围绕一个中心，或侧重一项内容，或抓住一条线索。

蒲松龄的读书方法是"五要"。即：一要天天读，二要夜夜读，三要老年读，四要抄书读，五要分类读。

……

在阅读过程中，在写作过程中，我们教给了学生多少方法啊！我们一直在追求"高效"，可是真正的"高效"是什么呢?

从古人的读书方法中，我们应该体悟到：适合自己的读书方法，才是最好的方法!

六、知行合一

知行合一，最早是由明朝思想家王阳明提出。

这本来是一个哲学命题，是针对"知"与"行"的关系的。在王阳明看来，知中有行，行中有知。王守仁认为知行是一回事，不能分为"两截"。"知行原是两个字，说一个工夫。"同时，他又认为：以知为行，知决定行。王守仁说："知是行的主意，行是知的工夫；知是行之始，行是知之成。"

后来，发展成为一种教育思想：知识和实践密不可分。这种思想，被"人民教育家"陶行知先生继承和发扬。

陶行知，本名陶文濬，因欣赏"知行合一"学说改名为"知行"，后又改为"行知"。他在"知行合一"的基础上，提出"教学做合一"的理论，这种理论视"教学做"为一体。认为："做"是核心，主张在做上教，做上学。强调"从先生对学生的关系上说，做便是教，从学生对先生的关系上说，做便是学"。还要求"以教人者教己，在劳力上劳心"。

教学做合一是生活法，也是教育法。它的含意是：教的方法根据学的方法，学的方法根据做的方法。事怎样做便怎样学，怎样学便怎样教。教与学都以做为中心。

这种理论，将书本知识与生活实践相结合，教育其实就是生活。

许多道理，我们是明白的。可是一旦实践起来，我们便常常犯糊涂。现在的中小学教育的内容是什么？"考什么，教什么。"考试内容，成了教学的最重要的内容。唯考试是瞻的风气，一直坚挺！

回过头来想想，学生一旦上了大学，我们千辛万苦教给学生的知识，还有用吗？

结　语

大浪淘沙，在五千年的历史长河中，积淀下来的"金子"会少吗？譬如教学原则、教学方法、教材编写等，都有成熟的经验可资借鉴。

语文，是根植于历史的，别看它朝气蓬勃、郁郁葱葱的外表，它的根须可是一直延展到汉民族有语言存在的远古时期。

我们当然不能自闭，我们要以开放的心胸来看待外来的理论、经验。但同时，我们也应该"常回家看看"！

放出眼光，自己来拿

——话说《教师教学用书》

引　言

　　与教科书配套的用书是《教师教学用书》，简称为"教参"。该书只配发给教师，教师依据"教参"，指导教学。

　　"教参"，顾名思义，只能是教学时的参考。事实上，一线教师常把《教师教学用书》奉为圭臬，考试时，也常以《教师教学用书》为准绳。

　　于是，尴尬的事情就出现了。

一、雷同的套路

　　以《高中语文教师教学用书》为例。书中对每个文本都提供了详细的资料，这些资料又都由以下板块组成：

　　课文研讨（思想内容、问题探究）、练习指导、教学建议、相关资料。

无论诗、词、文言文、现代文，也不管是文学类，还是实用类，一律如此。

试想一下，假如你是教师，拿到这样的《教师教学用书》之后，你会怎样备课？

考察课堂教学，大多数语文课的教学套路，基本是雷同的。基本套路是：作者及作品介绍、文本研读（段落内容、文章主旨等）、写作手法、课后练习。

为什么会这样呢？

成熟的教师，可能别具慧眼，有取有舍。大部分教师就会将《教师教学用书》的内容原原本本地教给学生，这就形成了雷同的套路。

问题是，这种套路合理吗？我心存疑虑。

譬如，小学时，我们要学杜诗，初中时也要学杜诗，高中时还要学杜诗，我们有必要每学一首杜诗，就要介绍一下杜甫生平及其代表作品吗？

又譬如，在教学不同文体的文本时，教学的重难点是不一样的，而同样的教学套路，就会限制教师对教学内容的取舍。

此外，雷同的套路，会不会让师生在教学过程中产生倦怠呢？

教科书中的文本，都是编者精心选择的。或是在历史中沉淀出来的经典作品，或是某个国家或民族的代表作品，或是某个作家的代表作品，或是小说，或是诗歌，或是剧本……每一个文本，都是"唯一的"。

面对"唯一的"文本，《教师教学用书》能不能给点相对应的资料，以帮助教师设计出相对应的教案呢？

《教师教学用书》，看起来"丰厚"，实际上刻板教条，缺少灵气。

二、惯性思维

语文，一直有一种紧跟政治的惯性思维。即使在《课程标准》强调"人文性"之后，这种惯性思维依然浓郁，《教师教学用书》中尤甚。在这种僵化的惯性思维之下，文本解读往往陷入模式化。如《赤壁赋》中的消极因素、《师说》中的封建思想等。以下仅列数例。

（一）《从百草园到三味书屋》中的"揭露和批判"

《从百草园到三味书屋》选入人教版七年级（下册）语文，《教师教学用书》里有详细的解读，节录如下：

> 这篇文章表现了作者怎样的思想感情？下面三种说法可供参考。
> ①用百草园的自由快乐衬托三味书屋的枯燥无味，揭露和批判封建腐朽、脱离儿童实际的私塾教育。
> ②用百草园的自由快乐同三味书屋的枯燥无味做对比，表现了儿童热爱大自然、喜欢自由快乐的心理，同时对束缚儿童身心发展的封建教育表示不满。
> ③通过对百草园和三味书屋的回忆，表现作者儿童时代对自然的热爱，对知识的追求，以及天真、幼稚、欢乐的心理。
> ……

这三种说法都有一定道理，学生无论赞成哪种说法，都要给予适当肯定。

但是，且不说这三种说法，混淆了"思想情感、写作目的、心理"等概念，仅就内容而言，也存在着乱贴标签、脱离学生实际的毛病。

学习这一课的对象是七年级学生。那么，"腐朽""束缚儿童身心发展的""封建教育"，是他们能够理解的吗？七年级的学生，能有这样的认知高度吗？

如果，眼中要有学生的话，解读这篇文章便简单了。这是一篇回忆文章，他回忆了儿童时期"从百草园到三味书屋"的一段生活经历。这段经历是充满热爱自然的情感、充满求知欲望的。

"揭露与批判"是意识形态中的成人思维，以这样的思维来引导学生，实在是揠苗助长！

（二）丑小鸭真的能够变成白天鹅吗

安徒生童话《丑小鸭》，现编入人教版七年级（下册）语文，学过这篇课文的学生大都深信：只要通过不懈努力，丑小鸭真的会变成白天鹅！

这样的解读，源自《教师教学用书》，节录如下：

> 面对丑小鸭的生活经历，我们会产生强烈的感情共鸣，会受到深刻的思想启示：只要不懈追求，努力进取，即使身处逆境，也终能实现自己的理想。由于这一童话的广泛流传和深刻的思想意义，"丑小鸭"已经成为人们经常使用的一个文学典故，成为激励身处逆境的人们不断进取追求美好生活的典型形象。

这样解读的积极意义，是显而易见的。问题是，这是作品中原有的意义吗？请看文本中的原话：

> 只要你是一只天鹅蛋，就算是出生在养鸭场里也没有什么关系。

文本中给出的条件是"只要你是一只天鹅蛋"，假如没有这个条件，任凭你怎么折腾，你也永远成不了"天鹅"！

我们居然把这个条件给舍弃了，凭着我们的主观意志直接变成了"只要努力，就会成功"，我们真的把"丑小鸭"变成"白天鹅"了！

事实上，"成功"离不开"努力"这个前提条件；但是，有了努力这个条件，也未必就会有成功的结果！

爱迪生说过："天才是百分之一的灵感，百分之九十九的汗水。"国内盛传，这个名言后面还有一句："但那百分之一的灵感是最重要的，甚至比那百分之九十九的汗水都要重要。"我们暂不考证这句话的真伪，我以为这句话恰恰强调了一个基本的道理：先天因素十分重要。

《教师教学用书》在解读丑小鸭的过程中，恰恰忽略了"你是一只天鹅蛋"的大前提！

（三）窦娥喊冤

《窦娥冤》入选人教版高中语文必修四第一单元。

我们常说："比窦娥还冤！"可见窦娥作为"受冤含屈"的代表形象，早已经深入人心了。

可我每次读《教师教学用书》时，总觉得我们不能准确地理解这一形象的意义，于是，也总觉得窦娥还在喊冤！

首先，窦娥的一腔怒火究竟是对着谁的？《教师教学用书》告诉我们："窦娥将一腔怒火烧向天地……从深层意义上来看，在封建社会里，统治阶级为了便于统治人民，往往以青天白日自喻，官府的公正、清明和天地的公正、清明一样，是不容怀疑的。表面上看，窦娥是在斥骂天地，实际上暗含着对一整套用以维护人心、统治百姓的封建秩序的怀疑和斥骂。"

我们知道，我国历史分为"原始社会、奴隶社会、封建社会、半殖民地半封建社会、社会主义社会"这几个阶段，封建社会是其中一个特定的历史阶段。

首先，按照《教师教学用书》里的说法，窦娥的怒火就对着"封建社会"这一个特定的历史阶段的，可是，在窦娥生活的年代里，根本就没有"封建社会"的说法，这实在是编者强加的吧，窦娥可冤？

其次，窦娥的悲剧，反映了"封建社会里普通百姓哀呼无告的普遍状况"。对此，我更不能理解："普通百姓哀呼无告的普遍状况"仅仅是封建社会里才有的吗？奴隶社会更甚吧？《窦娥冤》还在今天的舞台上演，窦娥的形象还在感动着观众。窦娥的形象仅仅是为了反映封建社会官吏压迫人民、贪赃枉法的腐朽本质吗？

我们应当剥离那些意识形态的东西，提炼出具有普遍意义的价值内核：该剧写一个弱小无助的寡妇在昏官的迫害下冤屈而死的故事。窦娥的悲剧尽管发生在过去的时代，但它揭示了一个具有普遍意义的社会问题：

社会的不公正。

语文教学，最不应该让《窦娥冤》再受冤屈了！

三、局部的错误

在评课时，常常涉及一些具体而微的内容。这时，许多教师就会搬出这样的话："《教师教学用书》上就是这样写的！"

问题是，《教师教学用书》的内容真的就是绝对真理吗？不妨看看下面的内容吧。

（一）《兰亭集序》表达了"共同意志"吗

《兰亭集序》选入人教版高中语文必修二。在《教师教学用书》中，对《兰亭集序》是这样解读的：

> 东晋永和九年（353）的三月三日，王羲之与孙绰、谢安、支遁等四十一人，集会于会稽山阴的兰亭，在水边游赏嬉戏。他们一起流觞饮酒，感兴赋诗，畅叙幽情。事后，将全部诗歌结集成册，由王羲之写成此序。
>
> 《兰亭集序》记叙的是东晋时期清谈家们的一次大集会，表达了他们的共同意志。

读上述材料，不免心生疑惑，其中"表达了他们的共同意志"，尤其令我不解。

首先，"他们的共同意志"是什么？是感慨死生亦大，人生无常呢？还是"一死生为虚诞，齐彭殇为妄作"呢？或者是要写文章传后世？可是，这些观点本来就不一样，哪来的"共同意志"？

其次，这些人聚集在兰亭，流觞饮酒，感兴赋诗。每个人的人生际遇不同，怎么可能表达出"共同的意志"？这违背了基本的常识！

再次，"他们的共同意志"是从哪里来的呢？原文中有"虽世殊事异，所以兴怀，其致一也"这样的句子，可能受到这句的启发吧。可是这句话只是说人们在游览山水中得到启示，寄情山水，畅叙幽情，在这上面是一致的。这能叫"共同意志"吗？

《兰亭集序》是王羲之一个人写的，那么，文中倘有"意志"也该是王羲之的吧，一定要把王羲之的"意志"强加给参与集会的四十一人，是不是太霸道了呢？

（二）两个句子能成排比吗

《我有一个梦想》选入人教版高中语文必修二。"课后练习三"中有这样一道题：

> 联系上下文，研读下列语句，回答括号中的问题。
> 一百年后的今天，黑人仍生活在物质充裕的海洋中一个穷困的孤岛上。一百年后的今天，黑人仍然萎缩在美国社会的角落里，并且，意识到自己是故土家园中的流亡者。
> （这两句话用了什么修辞手法？它们从哪几个方面揭示了美国黑人的生活处境？）

《教师教学用书》给出的参考答案是：

> 这两句运用了比喻和排比等修辞手法，揭示了黑人物质生活贫困，精神备受歧视，没有安全感和归宿感的悲惨现实。

问题是：这两句话中，有没有排比？

所有的语法书都告诉我们，排比句要三个或三个以上意义相关或相近、结构相同或相似、语气相同的词组（主谓/动宾）或句子并排。

排比，可以分为成分排比（一个句子中的一些成分组成排比）、分句排比（一个复句的各个分句构成排比）、单句排比、复句排比。

这里，用两个句号分开的"两句话"，怎么能构成排比呢？

我想编者之所以说运用了排比，可能是这样组句的："一百年后的今天，黑人仍生活在物质充裕的海洋中一个穷困的孤岛上，黑人仍萎缩在美国社会的角落里，黑人仍意识到自己是故土家园中的流亡者。"

这样组合以后，就可以构成"排比"了，不过，它是三个单句的排比，而不再是"这两句话"的排比了！

（三）孙权、刘裕各有寄托

辛弃疾的词《永遇乐·京口北固亭怀古》选入了人教版高中语文。

词的上阕是："千古江山，英雄无觅孙仲谋处。舞榭歌台，风流总被雨打风吹去。斜阳草树，寻常巷陌，人道寄奴曾住。想当年，金戈铁马，气吞万里如虎。"

《教师教学用书》做了如下分析：

> 词的上片是缅怀两位古代英雄。一是写孙权，作者感慨经历了千年的风雨侵蚀之后，镇江的高山大江依然如故，而曾在这里建都的吴国君主孙权，却已无处寻得了。当年亭台殿阁之间的流风余韵也都已被岁月洗涤净尽。二是写刘裕，传说当年刘裕就曾居住在京口的普通街巷之中。东晋时，刘裕就是从这里起兵去平定桓玄之乱，又率军北伐，战胜鲜卑等军事力量，扫平中原，建立了南朝刘宋王朝。作者对孙权和刘裕这两个历史人物的仰慕，对他们所创立的赫赫战功的赞扬，其情感是那么炽热、强烈，这正说明了作者人到老年仍旧壮心不已的精神、气概。

这在编者看来，辛弃疾引用两个典故，要表达的思想情感是一致的：借赞美两位英雄，抒发自己壮心不已的豪情。

可是，仔细读读。写孙权，是"舞榭歌台，风流总被雨打风吹去"。当年叱咤风流的孙权，其人其事已"被雨打风吹去"了，抒写的是时光易逝、人生短暂的感伤情怀；写刘裕，是"想当年，金戈铁马，气吞万里如虎"。刘裕的生平功业，直到如今，仍叫人心旌摇荡，历历在目，抒写的是渴望建功立业的雄壮情怀。

这样看来，同是用典，但寄托不同。

结　语

我不是想挑《教师教学用书》的毛病，说实在话，《教师教学用书》一直在进步，优点也很多。

我想对编者说：对广大的语文教师而言，《教师教学用书》就是指导教学的"规范文本"，一定要慎之又慎。

我更想对教师说，决不能迷陷在《教师教学用书》中，要挣脱《教师教学用书》的枷锁，要学会"放出眼光，自己来拿"！

想说爱你不容易

——关于教材的思考

引　言

语文教材，是语文教学的根基。这个根基究竟如何呢？探讨语文教育教学，这是一个绕不开的话题。

一、语文教材的发展和演变

中华人民共和国成立以后，语文教材的发展和演变主要经历了以下过程——

1. 1950年，由出版总署编审局（人教社的前身）编辑、出版了建国后第一套中学语文课本。这是一套临时过渡性的教材。

2. 1951年至1956年，人民教育出版社改编出版总署编审局的教材。改变多年来小学称"国语"、中学称"国文"的状况，统一定名为"语文"。

3. 1956至1958年，人教社将语文教材分"汉语"和"文学"编写。这是唯一的一次，虽然很短，意义深长。

4. 1958年至1961年。1958年3月，张际春主持国务院第二办公室召开座谈会，决定将"文学、汉语合并为语文"。在没有教学大纲的情况下，人教社编写供1958年秋季使用的中学语文课本。这套教材的首要任务是"用总路线精神教育学生""兴无灭资"。

5. 1961年至1963年，新编十年制中学语文教材。1960年10月，人教社启动十年制语文教材的编写。这套教材在强调"文道统一"这一大前提下编写，编辑意图明确，教学要求层次分明，应该说对前一套教材有了很多的发展。

6. 1963年至1966年"文化大革命"前，新编十二年制中学语文教材。这套教材吸收了1959年"文道之争"的积极成果，确立了"语文是基本工具"这一基础理念，重视语文基本训练，强调由浅入深，循序渐进，选文也更多文质兼美，题材广泛，较好地体现了"语文是基本工具"的指导思想。

（"文革"期间，人民教育出版社被撤销，编辑人员下放，全国没有统一的大纲统一的教材，造成了教学质量的大倒退。语文教学处于无政府状态中，中学语文教材的建设是一个空白。）

7. 1978年至1982年，新编十年制中学语文课本。1978年3月，教育部颁布《全日制十年制中学语文教学大纲》，这个大纲继承了1963年大纲的基本精神并有所发展。编写出的教材，也基本沿用了1963年教材的编排体例，以读写训练为核心，按照表达方式分年级编排，循序渐进。这是建国以后第一套按照记叙、说明、议论三阶段以及初中、高中两次循环来进行有序编排的中学语文教材。

8. 1982年至1987年，改编十二年制中学语文教材。1982年起，中学开始试行六年学制，人教社在修订1980年版十年制教材的基础上，新增高中三年级两册教材，编写出十二年制中学语文教材。

9. 1987年至1992年，编写"过渡"的十二年制中学语文教材。这套教材，依据1986年国家教委颁布的《全日制中学语文教学大纲》，本着"降低难度、减轻负担、明确要求"的原则编写而成。

1989年，根据国家教委《关于在中小学语文、历史、地理等学科中加强思想政治教育和国情教育的意见》，人教社为初中和高中各编写了6册补充教材，以适应当时加强思想政治教育和国情教育的需要。

10. 1992年至2004年，先后编写出初、高中语文教材。

根据《九年义务教育初中语文教学大纲》编写了九年义务教育教材。1989年开始在部分地区进行试验，1992年在全国范围内推广使用。这套教材突出的特点是：强调联系生活，扎实、活泼、有序地进行语文基本训练；建设由生活主题到表达方式再到语文应用及文学养成的三阶段训练体系；以能力培养为核心，将大纲规定的48个能力点合理、有序地穿插安排到各个单元训练中，保证能力培养目标的落实；重视基本训练，尊重阅读规律，将课后练习分为"理解·分析""揣摩·运用""积累·联想"三个层次；简化汉语知识，增强语言学习的实用性和有效性。

高中语文教材，1997年开始在天津、山西、江西进行整体试验，2000年在全国范围内推广使用。这套教材采用阅读教材与写作、口语交际教材分编合订的形式。阅读教材不再以比较复杂的记叙、说明、议论作为主线，而是将整个高中语文教学分为互相衔接的三个阶段：第一阶段不分文体，重点培养理解、分析现代文章的能力，兼顾文学作品和文言文的阅读；第二阶段重点培养初步鉴赏文学作品的能力，兼顾文言文的阅读能力；第三阶段，重点培养研读、评价实用文体和论文的能力，兼顾文学鉴赏能力的培养。这样的设计，与九年义务教育教材衔接，也更多地重视能力训练，强调语文的实用性和实践性，并把文学能力的养成放在了突出重要的地位。写作和口语交际教材中的写作部分，既照顾到学生的写作心理，又按照表达方式分阶段进行训练，同时也考虑到写作过程的不同方面，应该说是一个比较全面的写作训练体系。

11. 2004年至今，义务教育课程标准实验教材（七至九年级）编写并投入使用。2001年开始在部分地区进行试验，2004年以后在全国范围内推广使用，至今仍为试验教材。高中课程标准试验教材，2004年从部分省市开始进行试验至今。受语文课程标准的制约和新世纪一些语文教学理念的影响，这两种教材更多强调语文的人文性，更重视语文综合素养的培养，更强调尊重学生主体，语文教材呈现出较新的面貌。

随着《课程标准》的颁布，语文教材也出现了百花齐放的局面，人教社一统天下的局面被打破了。

综上所述，不难看到，语文教材是在不断地发展着，至今，还在变化着、发展着！

（注：以上资料主要参考人教社编审王本华《我与中学语文教材》，《春风化雨三十年——中国教育学会中学语文教学专业委员会成立30周年纪念文集》，首都师范大学出版社2009年版，第39—47页。）

二、跟着时代走

我们来看看不同时期的语文课本的封面吧——

建国初期语文课本

60年代语文课本

"文革"时的语文课本

80年代的语文课本

课改之后的语文课本

课改之后的语文课本

看着这些封面，是否感觉到"语文"教材变化太快？

记得，我小时候读书的时候，学语文是从学习"毛主席万岁""共产党万岁""中华人民共和国万岁"开始的。慢慢的，就要学习《为人们服务》《愚公移山》《纪念白求恩》，还有鲁迅的文章，有小说、杂文。

1981年开始教语文，毛泽东、周恩来、刘少奇、邓小平、江泽民等一大批领导人的文章，都教过。

我以为《为了六十一个阶级弟兄》《狼牙山五壮士》《"丧家的""资本

家的乏走狗"》都是很好的文章，现在的语文教材中没有了。

从形式到内容，紧跟时代，不断地增、删、调，《课程标准》颁布以后，语文教材也仍然在与时俱进。

三、昙花一现的分科教学

1956 至 1958 年。人教社将语文教材分"汉语"和"文学"编写。这是唯一的一次，虽然是昙花一现，意义却十分深远。

从时间节点看——

1953 年 12 月，新成立不久的中央语文教学问题委员会给党中央写了《关于改进中小学语文教学的报告》，提出了汉语、文学分科的具体实施意见。

1954 年初，党中央决定中学语文教学实施分科教学，人民教育出版社组织专家着手讨论及编制汉语、文学分科教学大纲和教材。

1955 年下半年开始，汉语、文学教学大纲和教材首先在全国 79 所中学进行实验。

1956 年 7 月，教育部发布《关于中学、中等师范学校的语文教材分成汉语、文学两科教学并使用新课本的通知》，同时，教育部召开全国语文教学会议，推行分科教学。在这个会议上，虽有人提出异议，但从这一年秋季开始，分科教学在全国各中学正式推广实施。

1958 年 3 月，由中央宣传部召开会议，宣布汉语、文学两科合并为语文科，至此，汉语、文学分科教学宣告中止。

从实验结果来看——

1955 年至 1956 年，分科教学率先在一些地方的初中一年级试行，结果反映良好，受到了实验区师生的欢迎。《北京试教区汉语试教工作总结》称："语文语言和文学分科教学是一项重要的教学改革工作；在中学里设汉语课，系统地进行语言教学是一个创举。"同时指出，汉语、文学分科教学是进行语文课程改革、解决问题的根本措施。教育部在总结全国试教工作时指出："试教的结果，证明了中学文学、汉语分科教学的办法也是正确的。试教的结果，又证明了新教材基本上是适合进一步改进语文教学的要求的。而且推动了整个的语文教学工作。"

从主要成果来看——

编制了专门的的教学大纲和教材，初步建构了中学语文学科知识的系统。

教育部组织专家先后编制了《初级中学汉语教学大纲（草案）》《初级中学文学教学大纲（草案）》和《高级中学文学教学大纲（草案）》。

依据《初级中学汉语教学大纲（草案）》和《暂拟汉语教学语法系统》，编写出《初级中学汉语课本》共六册，内容分别是：第一册"绪论"和"语音"；第二册文字和词汇；第三册语法（上）；第四册至第六册，语法（下）和修辞。各篇章的后面都附有练习题。这套汉语教材还充分吸纳了建国初期我国语言学界的研究成果，确定了一个大家都能接受的暂行体系，使得我国中学语文教育第一次有了"正式的内容完备的语法课程"。

依据《初级中学文学教学大纲（草案）》和《高级中学文学教学大纲（草案）》，编写出初中、高中课本各六册。初中文学课本第一、二册按思想内容编排；第三、四册按文学史编排；第五、六册按体裁（诗歌、小说、戏剧、散文等）编排，每学年的教材采用循环排列的方法，组成两个圆周。高中文学课本第一至第四册从古到今编选课文（后来因分科教学停止，五、六册没有编成）。

初中的文学教材是由作品组成的一个文学理论系统，高中的文学教材是由作品组成的一个文学史系统，初中和高中的文学教材不仅自成体系，二者合起来，又构成了一个完整的文学知识教育体系。

将语文分成"汉语"和"文学"两科的分科教学很快夭折，主要原因是不合时宜。按照当时的说法是：汉语、文学分科教学走上了"文学第一""古董第一""为文学而文学的道路"，表现出了"厚古薄今、脱离实际、脱离政治"的倾向，与"轰轰烈烈的时代"不合拍等。

可是，在历经了半个世纪之后，我们依然还能感受到前人孜孜以求的精神和智慧，依然觉得这种探索是开拓性的。

昙花谢后，会不会重开？只要有合适的土壤和气候，也许就能重开！我以为，现在的选修课，就是在它的基础上加以改良，重新生发的。

四、从一家独大到百花齐放

所谓一枝独秀，指的是中小学教材由人教社一家专有出版、发行。

改革开放之初，语文人以为春天到了，都很激动，这种心情在对待教材的态度上也表现出来了：反对一家独大，提倡一纲多本。其本质是：反对人教社专有出版，认为在统一的《教学大纲》之下，应该多方面开发教材，形成竞争。

我也曾经猛烈抨击过这种看似"霸道"的行径。现在想想，还真的不是人教社的错。在那个年代，除了人教社，其他出版社具备出版中小学教材的力量吗？

语文人，敢领风气之先。最早开发的教材，只能算是个人行为，即某位教师自己油印的教材。

真正大规模进行教材开发，那是新的《课程标准》颁布以后的事。以安徽省为例：

2006年，安徽省高中语文进入新课改。语文新教材一下子涌了进来，主要有六种：人教版、苏教版、语文版、粤教版、鲁人版、北师版。

可是，教材只能用一套。安徽省教育厅要我们基层选择，然后综合基层意见。

一个从没有吃过大餐的人，面对着鸡、鹅、鸭，要品出高下来，实在是为难吧？

最终，安徽选择了人教版教材（必修及部分选修教材）和苏教版教材（部分选修教材）。

还没完，人教版和苏教版的选修教材各有16本（后面还在开发），一共32本教材，真可谓是百花齐放！

49

五、从纯粹的文选到兼容并蓄

最早的中学语文教材，其实就是一种"文选"。

中华人民共和国成立之后，改革开放之前，文选内容是要配合政治需要的，因此，入选最多的是毛主席语录及其作品，其次是鲁迅的文章。

改革开放之后，选文有了很大变化。一些传统的经典篇目又回归到了语文教材之中，如《〈论语〉十则》《归去来兮辞》《项脊轩志》等；一些被认为是拨乱反正的作品也入选了，如《论共产党员的修养》《松树的风格》等；一些外国的作品也入选了，如《等待戈多》等。

低年级的学生，由于认字的原因，课文是由编者编写的浅易的句子、段落及短文。进入中学以后，课文基本就是"文选"了。

语文教材，其主要内容是选文的组合。从某种意义上说，它就是一种"文选"——适合不同年龄（学段）的教学。

后来，有所变化，出现了综合型的课本，以文选为主，加上课后练习、语文知识。

再后来，又出现了分编型的课本，如《阅读》《写作》《文学读本》《文化读本》等。

但不论如何变化，以单元优化组合，成为主流。单元的编排一般是按照文体进行的，如说明文、议论文、小说、诗歌、应用文等，还可以更细化，如新闻、外国小说、当代诗歌等。

新课改以后，在统一的课程标准之下，出现了语文版、苏教版、鲁教版、粤教版等，它们的出现，改变了按文体分单元的"传统"，出现了"话题"统一下的全新单元组合，如"吟诵青春""体悟人生""设计未来""求学之道"等。

说到底，中学语文教材就像一个花篮，主体的花是文选，枝枝叶叶则是思考练习、各种语文知识、写作知识和练习等。还可以加一些点缀，如"名著导读""梳理探究"之类。

语文教材越来越庞杂了，兼收并蓄，似乎什么都能放进去了。

总有一天，语文人一定会想：哪些内容是真正的"语文"呢？怎样的教材才是语文教学需要的呢？

结　语

语文教材，是语文教学的根基。考察这个根基，它谈不上牢固，甚至，因为它在不断变化，还不能说"扎根"了。

语文人，一直在探索，也做了大量的工作，可是，语文教材所承载的内容和形式似乎又不是语文人所能决定的。

但我相信，总有一天，我们会有更加成熟的教材，它会引导一线老师更加实实在在地教语文……

走进课堂要掂量
——反思我们的课堂教学

引　言

　　课堂，是语文的主阵地。在这块阵地上，我们耕耘过。做教研员之后，更多的是观察课堂。观察多了，感慨就多。

　　先说说课堂教学中存在的一些弊端吧——

一、备课笔记

　　上课的重要依据是教案，一课一课的教案累积起来合成一本，就形成了"备课笔记"。

　　电脑没有普及的时候，只能是手写"教案"，一学期一本。后来，用上了电脑，虽然不再手写了，却依然认真备课，一学期下来，形成了电子稿，将电子稿打印出来，也是厚厚的一本。

　　由于工作的关系，教研员常常参加教案的检查与评比、职称评定、随堂听课、教学视导等活动，看到了太多的"备课笔记"。

我们以为，参与评比的"备课笔记"是不足为据的，它是进行"打扮"过的，不具有普偏性。而我们在随堂听课或教学视导中看到的"备课笔记"是没有刻意修饰过的，它更真实，因此，也更贴近实际情况。这些"备课笔记"大体上分为三类：

第一类是"抄本"，即大部分内容抄自教学参考书——包括作者介绍、内容分析、写作手法分析、课后练习答案等。这类"备课笔记"，大都为了职称评定，抄写得工工整整，作为读者的我们看过之后，真的为之感慨：这要花费多少时间啊！感慨过后，不免又要追问，这样做，有意思吗？

第二类是"粘贴本"，即大部分内容来自网络，作者直接粘贴到自己的文件中，打印出来，合成了自己的"备课笔记"。这类"备课笔记"的作者以中青年教师为主，主要为了应对学校的教案检查。我们见到过这样的教案，教案上来源于网页的"页眉"的内容还在，它清楚地注明了这个教案从哪里粘贴来的。

第三类是"集体本"，即由年级组（或教研组）集体备课而形成的教案集。同年级教师，拿着相同的教案，保持着相同的进度，上着一样的课。这类教案的不足是——个性没有了。

对第一类教案，我们表示同情，但决不认可；对第二类教案，我们很鄙视，因为它在"自欺"；对第三类教案，我们只能部分认同。

为了合作共赢，集体备课并无不妥。但是，集体备课更多地强调了共性，而执教的老师是有个性的，面对的学情也不尽相同。因此，这种集体备课的教案，也只能是一种"参考"。

我们以为，适合自己教学需要的教案，一定是教师自己思考的结果。

我们欣赏的是这样的"教案"：一课一个资料包，若干资料包构成了整册教案。打开一个资料包，基本内容有：借鉴教案（主要是别人的、集体备课的）、借鉴课件（主要是别人的、集体备课的）、我的教案、我的课件、我的微课、我的反思……

总之，备课不应该抄书，更不应该"下载""粘贴"；它需要集体合作，更需要个人的二次备课。

二、求同存异的"教学目标"

教学目标是指教学活动实施的方向和预期达成的结果，是一切教学活动的出发点和最终归宿。

每一节语文课，都有它自己的"教学目标"，这是一般常识。可是，见诸教案的"教学目标"似乎都有规律和套路可循，通常是——

> 1. 知识目标
>
> （1）积累字词；
>
> （2）学习本文的结构和技法；
>
> （3）把握形象和主旨；
>
> ……
>
> 2. 能力目标
>
> （1）培养学生的朗读能力；
>
> （2）培养阅读能力；
>
> （3）培养学生的写作能力；
>
> （4）培养学生的观察能力；
>
> ……
>
> 3. 情感目标
>
> （1）培养学生的爱国情怀；
>
> （2）培养学生热爱自然的情怀；
>
> （3）培养学生正确对待友情、亲情的价值观；
>
> ……

对上述"教学目标"，我们已经司空见惯、习以为常了。这样的目标设定有错吗？它关注了知识和能力，也关注了情感、态度、价值观，体现了《课程标准》中强调的"三维目标"，从理论上讲，应该是对的。

但是，细细想想，总觉得有些不妥：

第一，目标的设定，不是越多越好，一节课能够实现的目标终究有限。

第二，是不是每一节都要贯彻"三维目标"？一节课的容量是有限的，每节课都要追求"三维目标"，实际上是做不到的。

第三，每个文本都是"独一"的，对待每一个不同的文本，在"教学目标"设定上，不能一味求同，也应该有所"求异"。这样一想，就会发现，司空见惯、习以为常的"教学目标"实在是缺乏个性色彩。不唯如此，还有假、大、空的倾向。

三、教学内容程式化

语文教学中，有没有套路？

答案是肯定的。一般来讲，语文课教学内容，大体如下：

1. 字词教学。不论年级高低、也不论在那个学段，"字词"总是和语文课形影不离。

2. 作家作品。不论年级高低、也不论在那个学段，"作家作品"的介绍，似乎不可或缺。

3. 文章结构。文本是如何构成的？为此，要把文章分段，要理清段落间的关系。

4. 文章主旨。文本表现出作家怎样的价值取向？如何评价？这些，不仅要讲，还要"探究"。

5. 表现手法。修辞、技法等，都要反复讲，似乎"一个也不能少"。

6. 拓展和练习。通过拓展，似乎就能培养能力了；巩固知识、强化能力，当然少不了练习。

我们听到的绝大部分语文课，其教学内容大抵如此。一个李白的生平及作品介绍，在小学到高中的语文课堂上，不知道要重复多少次！

这种情况，流传已久。考试也这样考，大家就都这样教，也没有人提出异议。但这并不意味着，语文的教学内容就应该如此。

2008年，"长三角语文论坛"在上海首次开坛，至今已历八届。每届各有一个主题，分别是：

2008年（上海），主题是"语文课堂两纲教育研讨"。

2009年（浙江），主题是"语文课堂教学内容的确定"。

2010年（江苏）主题是"文学作品教学内容的确定"。

2011年（安徽），主题是"散文教学内容的确定"。

2012年（浙江），主题是"实用文教学内容的确定"。

2013年（上海），主题是"文言文教学内容的确定"。

2014年（常州），主题是"小说教学内容的确定"。

2015年（马鞍山），主题是"诗歌教学内容的确定"。

考察八届主题，其实，万变不离其宗：教学内容的确定。换言之，教学内容的随意，甚至混乱，已经引起众多专家、学者及一线教师的思考了，可是，我们的课堂教学，惯性依旧，没有根本性改变。

每一个文本都是"独一"的，因此，教学内容也是"独一"的，我们应该有这样的认识，我们也应该一点点地做起来。

四、多媒体与板书

多媒体也罢，板书也罢，说到底，都是为教学服务的。

我们看到的情况是：农村中学的教师大量使用板书，几乎不用多媒体；而城市学校的教师则大量使用多媒体，几乎不需要板书。

是什么原因造成的呢？我们不能排除理念差异的因素，但仅仅归结于理念的差异，就不公道了。

走进农村学校的教室，基本看不到多媒体设备，整个学校有一两间多媒体教室，就已经不错了。巧妇难为无米之炊，多媒体对广大的农村中学而言，似乎还是个"梦"！而城市大部分学校里的每个教室，多媒体设备齐全，设备更新也快，使用频繁。

于是，一个很奇特的现象出现了：城市学校教师的课件越做越精美了，农村学校教师的粉笔字越来越漂亮了。

课件制作，粉笔字书写，都是教学中必备的技能。这些基本技能，正在分化——在不同的群体中或被弱化、或被强化。

一些专家发现，有些语文课以直观图片替代了学生的思考，于是，他们呼吁：要慎用多媒体！农村教师笑了：你看，我们基本不用！

另一些专家发现，多媒体代替了板书，于是，他们呼吁：语文课不能没有板书！农村教师又笑了：我们每节课都有大量的板书！

在我看来，多媒体并不意味着时尚，板书也并不意味着落后。倘不会使用多媒体，倒真的远离了这个时代；而丢了板书，则意味着忘了根本！

多媒体要用好，能够辅助教学，用不好，会干扰教学；同理，精心设计的板书，能够辅助教学，随意的、大量的板书，也会耽误教学！

我以为，农村中学应该将多媒体设备安装到每个教室，而城市学校的教室里，应该多放一些粉笔！

五、人文性在泛化

《语文课程标准》告诉我们：工具性与人文性的统一，是语文课程的基本特点。

这是权威的定论，毋庸置疑。但我总是惴惴的，我实在不能准确把握"人文"（或"人文性"）的内涵，就我的浅见，人文（或人文性）的内涵因时、因地、因民族而有所差异。文艺复兴时期倡导的人文，见于《周易》中"观乎人文以化成天下"中的人文，实在是不同的概念吧？

《语文课程标准》中没能告诉我们什么是人文（或人文性），但我们知道，它应该不同于思想性、科学性的吧。遗憾的是，在我们还不够了解"人文性"的时候，"人文性"已经开始泛滥了。其中情形，大体两端。

（一）强化人文，冷落工具

我们的母语教育，从来都不是纯粹的，一直有个形而上的东西在形影相随。古代，文道相随；近代至改革开放前，政治挂帅；改革开放至新课改前，思想性相伴；新课改后，人文性渗入。

我至今还是弄不大明白，什么是思想性？什么是人文性？他们的关系是交叉的，还是包容的？但我大抵明白思想性与人文性还是有差别的。如果要认真考究，所有的学科教学，都应该渗透人文精神的吧。

然而，在所有的课程标准中，只有语文学科凸显人文性。于是，人文性在语文教学中大行其道。似乎，没有人文性介入的语文课，就不符合新课标精神了。常常见到这样的课例，在初步感知文本内容之后，就开始了天马行空似的讨论，问之，则曰："这是课文内容的拓展，是张扬个性，培养创新精神，体现了人文性。"我依然十分疑惑：皮之不存，毛将焉附？如果不与工具性"统一"，人文性何以存在？语文的第一要素还是"语"吧，离开语言，离开文本的"人文"还叫语文课吗？事实上，有许多课例就是不伦不类的。难怪有了这样的提法："语文课，首先要上成语文课。"这不成问题的问题，居然成了问题了。

（二）标签乱贴，随意开放

以高中语文必修教材为例。已经通过审查的教材有人教版、苏教版、广东版、语文版、人民版等，大多数教材的体例是以话题为单元，组织文本。我学识浅陋，不便评论是非。但给我的感觉就是，话题是"纲"，文本是"目"，纲举目张，就是"语文"。我很疑惑了：到底在语文教学中渗透人文，还是在"人文"话题下教学语文？

我还有另外的疑惑：只要把几套教材做简单的比较就会发现，所谓的人文话题实在是无穷尽的，在话题下能够选取的文本也实在太多，我们选取的人文话题，其科学性的考量实在就是个问题了。是不是天下文章都能纳入人文性的话题呢？

擦亮『徽派语文』的牌子

——语文教研员关于『语文』的思考与实践

此外，还有个对人文性的界定的问题。现在看来，举凡涉及成长、亲情、爱国、思辨、传统、创新等全都入了人文性的范畴。我真的不知道，人文的外延到底有多大？或者，我们这些从事语文教育的人，真的要用人文性来包容一切？

因为过分地强调人文性，在课堂教学中就出现了一系列值得探讨的现象：轻文本，重话题；轻诵读，重讨论；轻语言的品味、揣摩，重文本的拓展、发挥；轻共识、规范，重个性张扬；如此等等。这是语文课，还是披着语文外衣的人文教育课？

由此，我想到陈仲梁先生举过的一个教学片段的例子。内容是"诗词鉴赏"课中教学《回乡偶书》，如下：

教师：诗题为"回乡偶书"，乍一看，意思都懂，回到家乡偶然写成的。如果仅这样理解，我以为我们未必读懂了诗题。这里有两个词：乡、偶，请大家仔细品味一下，看看这两个词有没有特别的意义。

（学生讨论。）

学生A：我想起一个成语：妙手偶得。

教师：妙手，非同一般；偶得，也决不是偶然吧？

学生B：偶然中有必然，看似偶然，其实是灵感的闪现吧！

教师："文章本天成，妙手偶得之。"偶得，记录的就是灵感迸发的火花啊！它可是为有心人准备的哦，看似偶然，其实是呕心沥血呢。

学生C：我也想起了一个成语：衣锦还乡。

教师：你启发我想起了李白《越中览古》中的两句诗——"越王勾践破吴归，战士还家尽锦衣。"你想：一个是还乡，一个是还家，为什么呢？

学生D：这样看来，家和乡，还真有点讲究呢。乡，指故乡，是出生地，比家的范围要大。

教师：这样看，也不能说错。不过，你是从地理范畴说的。从文化的角度看，就不是这样了。我们先人，不惜流汗、流血去打拼，等到功成名就，就要"衣锦还乡"，而不是"衣锦还家"，为什么？

学生E：为了光宗耀祖。

教师：对。乡中有家，更有家族。家族中有家谱、祠堂，祠堂中有牌位。能够光宗耀祖，在家谱中留有记录，在祠堂中争得牌位，这对外姓，或者，就是对家族中的旁支而言，是何等的光荣啊！

我以为，这样的教学才是"工具性与人文性的统一"，它是从文字的表层深入到文化的内核。人文性不是在教学中凭空添加的，它隐含在语言符号之中，借助语言符号，在听说读写之中，体会、感悟、表现人文，这才是"统一"的意义吧。

六、规训在消逝

在大量的课例中，出现了一种现象：表扬过度、规训缺失。

在师生活动中，我们听到的评价总是表扬的、鼓励的、肯定的，这种评价在张扬个性，培养宽容品质等方面，确实有着积极的作用。但是，一旦将这些评价推向极端，问题就产生了。且看下列案例：

案例一　《斑羚飞渡》师生活动节录

教师：对"斑羚飞渡"的壮举，你有什么看法？

学生甲：牺牲自我，保全种族，可歌可泣。

教师：认识深刻，好！

学生乙：大难临头，能够从容选择，斑羚也有智慧。

教师：看到动物的智慧，别具视角，好！

学生丙："斑羚飞渡"是人类逼的，所以，我们应该谴责人类的自私与残暴。

学生丁："斑羚飞渡"说明了动物在进化。

......

教师：大家都发表了很好的见解，说明大家都有自己的思想，老师真为你们高兴！

（笔者评论：学生丙、丁的评论已经脱离了主题，"说明了动物在进化"更是无稽之谈，可是教师还在为学生高兴，这种表扬不是太没有原则了吗？）

案例二　《归园田居》师生活动节录

　　教师：下面我们请一个同学来诵读全诗。
　　学生甲：（读《归园田居》）（注：诵读水平一般）
　　教师：诵读得怎么样？
　　学生（齐声）：好！
　　教师：比我强。继续操练，也许你能成为赵忠祥。

（笔者评论：鼓励学生固然重要，但也要有分寸。一个并不具备诵读天赋的学生，能成为"赵忠祥"？过分的"表扬"也许会让学生在失去自我飘飘然吧。）

案例三　《皇帝的新装》师生活动节录

　　教师：下面分组讨论：在这场骗局中，骗子、官员、皇帝、小孩分别承担着怎样的角色？
　　（学生讨论后发言）
　　学生甲：皇帝是傻蛋！（学生哄笑）
　　教师：皇帝是有点傻。（学生又笑）
　　学生乙：皇帝才不是"傻蛋"呢！（学生哄笑）他是为了保全自己

的名誉和地位，是个"坏蛋"。（学生哄笑）

教师：好，有自己的看法。

学生丙：这个皇帝有点弱智（部分学生暗笑），众官员才是"傻蛋加坏蛋"（学生哄笑）。

教师：好，他把皇帝和官员放在一起评价了。

（笔者评论：热闹的课堂，未必是真正的好课堂。没有是非的评价，倒真正地混淆了是非。真正的好课决不是廉价的"热闹"，而是相反，我们应该培养学生高尚的审美情趣。）

案例四　《再别康桥》师生活动节录

教师：请大家讨论一下，诗中选用了哪些意象？

（学生有的在讨论，有的在看书。一会儿，教师点名学生甲。）

学生甲：我对《再别康桥》没有兴趣。（全班目瞪口呆）

教师：你对什么有兴趣？

学生甲：我喜欢看《红楼梦》《射雕英雄传》《老人与海》等。

教师：你的阅读面真的很广，请坐。

（笔者评论：教师上《再别康桥》，学生读《红楼梦》，如此学法也能肯定？推而广之，语文课上学数学，数学课上学物理，课堂教学的教学目标该怎么设定？廉价的表扬忽视了课堂教学的根本任务。）

案例五　课文《琵琶行》师生活动节录

教师：从现代人的观点来看，应该怎样评价"琵琶女"？

学生甲：她一直迷恋那种"今年欢笑复明年"的灯红酒绿的生活，这种人根本不值得同情。

学生乙：她原来的那种纸醉金迷的生活，本来就是遭人唾弃的。嫁给商人是她自己的选择，她后悔，只能说她用心不专，应该批判。

教师：有道理，有思想。

（笔者评论：教师在肯定"有道理，有思想"的时候，是否也忽视了另一种应当培养的品质——对不幸的深切同情。鲁迅对阿Q尚能"哀其不幸"，我们对沦落的琵琶女就该一棍子打死？况且，从文本本身来看，作者对琵琶女的态度还是同情的。课堂中，教师对学生扬长护短，这种现象极为常见。）

案例六　课文《念奴娇·赤壁怀古》师生活动节录

教师：哪位同学能给我们介绍一下作者苏轼？

学生甲：苏轼，字子瞻，号东坡居士，北宋人，豪放派词人。我们学过他的作品，如：《题西林壁》《水调歌头·明月几时有》。他在仕途上老是不得意。

教师：很好。比老师知道得还多。

（笔者评论：从课堂内容看，老师对苏轼的了解远远地超出学生。其实，学生的回答是没有知识性的错误，但很不深入，也不全面。如：苏轼的才能是多方面的，就文学方面而言，他是散文家、诗家、词家等。语文教师怎能不知道？无意规训学生，有意贬己抬人，这也太矫情了吧。）

以上课例中出现的这些现象不是个别的，甚至，在不同类型的教学大赛中也屡见不鲜。可见，在课堂教学中，我们在"扬长"上做够了文章，我们总是发现学生的优点，宣扬学生的优点，对不足、甚至缺点，我们采用包容的策略。

考察我们的课堂教学，"扬长护短"似成风尚。这恰好说明我们缺失了另一种有效的教育手段：规训。

因为缺失规训，我们是非不清，对学生的错误不加纠正，丢掉了科学精神；因为缺失规训，我们忽视了人性中的不足，错会"人文性"；因为缺失规训，我们过分地张扬学生个性，偏离了人的群体共性规范，如此种种，不一而足。

我们肯定答案是丰富多彩的，但我们也要承认不是所有的答案都是正确的。

我们肯定以人为本、提倡宽容，但我们也要承认人性中的东西不全是真、善、美的。

这是辩证法的基本常识。

在课改中，我们要学会用赞赏的眼光，发现学生的长处，张扬学生的个性，培养学生的创新精神，但我们走向了极端，废弃了规训。在我看来，赞赏与规训也是一个钱币的两个面，相辅相成，缺一就不完整。不唯课堂教学如此，教育工作都应该如此。

七、奇怪的课堂

走进高三年级的课堂，听到的几乎都是"复习课"。

"考点诠释——典型试题——解题思路——解题技巧——巩固练习"，观察到的课堂教学几乎都是相同的套路。

这类课，主要有以下特点：

1. 教学目的单一。针对考试，提高学生的应试成绩。

2. 教学方法趋同。主要是练习、考试、评讲。

3. 教学内容单纯。将"考纲"或"考试说明"中的"考点"逐一分解，考什么教什么，心无旁骛。

没有学习的文本，没有情感的交流，没有思想的碰撞，师生全都聚焦在干瘪瘪的"考点"上，这是"语文"课吗？

学生当然要考试，按理说，"毕业班复习课"无可厚非，学生也需要掌握应试技巧和能力。可是，当这类课走向极端的时候，便有悖常识了！

首先，课时安排有悖常识。以高中学段为例：这一学段共六个学期，绝大多数学校进入高三便进入复习，也就是"毕业班复习课"占用了高中学段的三分之一课时。

《课程标准》要求："学生修满必修课的10学分便可视为完成了本课程的基本学业，达到高中阶段的最低要求；应鼓励学生根据自己的学习兴趣、未来学业和就业的需要，选修有关课程。对于希望进一步学习的学生，建议从五个系列的选修课程中任意选修4个模块，获得8学分，加上必修课程的10学分，共计可获得18学分；对于学习兴趣浓厚并希望进一步深造的学生，建议在此基础上，再从这五个系列里任意选修3个模块，这样一共可获得24学分。"

《课程标准》安排了六个学期的教学任务，以保证学生修得24学分。而我看到的很多学校的教学安排，最多只能让学生修得16学分。显然与《课程标准》的要求不符。

其次，题海战术有悖常识。大量的时间，耗费在题海之中，得不偿失。

再次，价值取向有悖常识。语文教学，沦落为考分的奴隶。

我们并不反对"复习迎考"，但是，倘若把整个高三都耗上去，我们就觉得"奇怪"了。遗憾的是，这种高三年级的"复习"课堂的现象还在愈演愈烈，现在还看不到尽头！

结　语

批评语文教学的声音，一直以来就没有停息过。作为语文人，我们不能盲目跟风，但是，我们应该看到自己的不足，更应该了解自己的责任。在课堂教学中，我们的确有需要反思的地方。我们以为，有所批判，才会有所进步！

别样的课堂

——谈谈我们身边的好课

引　言

在马鞍山市广大语文教师中，也有很多教师在研究课堂教学，且取得了很好的成绩。在我们平时观察到的课堂教学中，我们也遇到过若干节让听课教师眼睛一亮的课。

这些课决不是"抄来的"，字里行间凝聚着教师的智慧，我们姑且称之为"别样的课堂"。

一、简约的文本，可以教得厚实

文本的长与短，不是衡量文章好坏的标准，也不是决定教学用时多少的标准。一首绝句，一节课未必就能学好了；一篇小说，一节课也未必学不好。这要看老师教什么，怎么教了。

在2013年马鞍山二中青年教师赛课中，评委们选择了《更漏子·玉炉香》作为教学文本，全词46字，如下：

玉炉香，红蜡泪，偏照画堂秋思。眉翠薄，鬓云残，夜长衾枕寒。

梧桐树，三更雨，不道离情正苦。一叶叶，一声声，空阶滴到明。

面对这样篇幅短小的诗词，教师很容易陷入没东西可教的困境。且看下面的设计：

《花间集》里数风流，《玉炉香》中断肠
——《更漏子·玉炉香》教学设计

马鞍山二中　俞　璐

【教学目标】

品味词语，理解情感，厘清写法。

【教学重难点】

品出词语中的文化，准确把握作者的情感。

【教学方法】

诵读、讨论。

【课时安排】

一课时。

【教学过程】

一、男子作闺音——导入

清代学者田同之归纳总结了文学创作中的一种奇特现象：男子作闺音。即男性文人，假托女性的身份、口吻，代女性设辞，表现女性的种种（盼归人）情绪。

这类作品盛行在晚唐五代的花间词（如《花间集》）中，《更漏子·玉炉香》是其中杰出的代表。

我们今天一起学习这首词。

二、品读《玉炉香》——鉴赏

1. 诵读（教师范读、学生反复读）

2. 品词

（1）学生圈点出不理解的字词，讨论。

（2）值得玩味的字词。（师生讨论进行）

玉（炉）：与"铜炉"比较，你会有怎样的感受？（富足，有地位；也表现出了屋内主人的追求。）

香：除了表明主人有品位之外（品香品茶），熏香烟雾给人一种迷蒙之感。

红烛：为什么不是"银烛"呢？比如杜牧诗《秋夕》："银烛秋光冷画屏，轻罗小扇扑流萤。天阶夜色凉如水，坐看牵牛织女星。""银"是白色，冷色；红，是暖色调。"红烛"这一意象多与缠绵柔情、甜蜜温馨有关。

偏照：偏偏照映（亮）着。看似无理至极。点着蜡烛，就是为了照明的，怎么还责怪红烛"偏照"呢？写出了主人"烦闷"的心境。

薄、残：为什么如此不堪呢？是无心思打扮造成的。打扮没人看，相思苦不堪。寒是因为无人陪伴，除了身寒，还有心寒。

梧桐：风吹落叶，雨滴梧桐，凄清景象，梧桐又成了文人笔下孤独忧愁、离情别恨的意象。

不道：这又是一个看似无理至极的词语。梧桐也罢，雨也罢，它们如何知道离情的苦呢？这说明什么呢？——和上阕怪蜡烛太亮一样，看似"无理"的迁怒，正刻画了人物的内心"愁苦"。

一叶叶，一声声：以动衬静，其实，是在写人睡不着。

空：恨无人也，其实是心灵的空寂、孤独。这个愁苦之情，上阕是"思"，下阕有一个字直接表达了愁苦之情。

明：天亮了。这个主人公，在床上躺着，看那烛光，听那梧桐雨，一点点，一滴滴，她，一夜未眠。

3. 会意

（1）这首词中刻画了一个人物，他（她）是作者吗？

不是。是一个少妇（贵妇人）。她其实是留守闺中的贵夫人。

（2）这首词，为什么能打动读者？

【讨论后，明确】

①它倾诉了相思之苦，而"相思"是人类共同的情感，容易引起读者共鸣。

②它将相思之苦倾诉到了极致，引起读者无限同情。

③愁苦中，表现出对感情的执着——动人；相思中，不埋怨——动人。

4. 明写法

讨论：这首词在写法上有哪些高明之处？

【讨论后，明确】

①情景交融。一切景语皆情语。"以我观物，故物皆著我之色彩。"（王国维《人间词话》）

②呼应勾连：夜长——三更雨——（天）明。

正面抒情与侧面衬托结合：写香（雾），衬托内心迷茫；写红烛泪，衬托相思泪；写"薄、残"，衬托自己相思的愁苦；写雨……所有这些，叫作侧面描写。正面描写的地方是："离愁正苦"。

③空间转换：室内——室外。

三、评价《玉炉香》——感悟

1. 前人对这首词评价。

2. 你学过之后对这首词的评价。

四、说不尽的"花间词"——探究（课后练习）

查阅相关资料，谈谈对"男子作闺音"这一文化现象的认识。

这个教学设计的亮点是：从常见的字词中，读出了不常见的意义、读出了文化意味，因此显得厚重。

它给我们这样的启示：语文教学要在"字词"中做足文章，抓住字词不放，短文也有丰富的语文内涵。

二、容量大的文本，可以简化处理

教学中，我们也常常遇到很长的文本，容量很大，教学时唯恐丢下了什么，弄得教师不知道如何处理。

其实，文本就是个"例子"，面对这样的文本，教师一定要懂得"舍弃"，有舍弃，才会有收获。

《逆境也是生活的恩赐》是人教版《中外传记作品选读》中的一篇课文，该文选自《从文自传》中的四个章节，共14 000多字，很长。处理这样的文本，不懂得舍弃，将无法下手。

2010年11月，周文福老师代表马鞍山市参加安徽省高中语文优质课大赛。他抽签抽到的教学文本恰恰就是《逆境也是生活的恩赐》。且看他的设计：

《逆境也是生活的恩赐》教学设计

马鞍山二中　　周文福

【教学目标】

1. 梳理脉络，探究沈从文的人生轨迹，把握其传奇色彩。

2. 品味关键性的语句，体会作者的生活态度和对人生的思考。

3. 感悟主旨，了解逆境对传主的意义，从中获得有益的启迪，培养学生的人文素养。

4. 点拨阅读"人物传记"的方法和意义，激发学生的学习兴趣，培养良好的阅读习惯。

【教学重点】

梳理选文的脉络，探究沈从文的人生轨迹，把握其传奇色彩。

【教学难点】

感悟主旨，了解逆境对传主的意义，从中获得有益的人生启迪，培养学生的人文素养。

【课时安排】

一课时

一、新课导入

（略）

二、仰望沈从文

教师：请大家根据书后"有关资料"和已经学习过的必修课文《边城》介绍沈从文。

（学生介绍沈从文，老师补充：现代作家、历史学家、考古学家、北大教授、中国社科院研究员……）

（设计意图：简要介绍传主，突出"伟大"，为后一环节说"逆境"铺垫——先扬后抑！）

三、文本研读

（一）整体感知，梳理结构

本文节选部分是《从文自传》的第三、五、十五、十八章。记录作者童年和少年时代的蜕变与成长，既有天真好奇的乡野童年，也有胸怀抱负和经历坎坷的青年阶段，真实而生动地再现了作者早年的生活。

（二）探寻沈从文独特的人生轨迹

沈从文：照我思索，能理解"我"；照我思索，可认识"人"。

表1　沈从文的早年时期的人生经历和生活环境

时　期	经　历	环　境
学生时代	从不用心学、逃学、殴斗	大人决斗不算回事
	聪明，好问好幻想、勇气敏捷机智	豁达大度、爱义好施
从军生涯	费神抄写、一场热病，同学惨死	虎狼太多、生活那么糟
	细心、耐力、习惯、思考人生，追求理想	迎难而上、性格强

表格中，我们看到的是"穷山恶水野孩子"，是逆境，甚至这些经历对个人的发展是灾难！但我们同时又看到，一个伟大人物之所以伟大所必备的许多优秀品质，沈从文没有被逆境压垮，而是从中得到了许多启迪，经过不屈的奋斗，走向了成功……

（三）走近沈从文

1. 引导学生分析沈从文的经历和环境。

2. 品味关键性的语句，体会作者的生活态度和对人生的思考。

（四）回眸沈从文

1. 作品：质朴清新，乡土风情。

2. 人格：外圆内方，坚韧洒脱。

（设计意图：高中语文课程标准要求学生"阅读人物传记，在了解时代和社会背景的基础上，分析各种因素对传主成长历程的影响；认识传主对人类物质文明和精神文明发展所产生的正面作用和负面影响，评价其功过得失"。教师这时出示两段文字，一段是从沈从文的文学成就及文学风格出发，一段是从沈从文的性格、气质、人品及其文品出发。湘西山山水水陶养了从文先生的人格、性情，童年、少年丰富的阅历为日后创作提供了丰富的素材。因此，逆境也是生活的恩赐。有效整合课外资源，不光能借力打力，提高效率，最主要的是培养学生良好的思维品质和思维习惯。以课本为依托，不断向课外延伸，培养学生搜集信息，整理信息的能力。

梳理选文的脉络，探究沈从文的人生轨迹，了解逆境对传主的意义；通过表格的直观对比，让学生更容易理解"清新有趣"背后的辛酸，更容易理解"逆境"对传主的影响，为下一个教学环节做好了铺垫；文本研读通过"感知、探寻、走近、回眸"四环节，具体落实教学目标的前三点。）

四、感悟人生

1. 教师：人生不如意者十有八九。屡遭打击，"回首向来萧瑟处，也无风雨也无晴"，是苏轼的豁达；面对挫折，"我看青山多妩媚，料青山见我应如是”，是辛弃疾的坦然……

请大家结合自己的生活经历和本文的学习谈谈如何面对生活中的逆境。

2. 教师：大家深入思考一下，我们阅读“人物传记”的意义是什么？

从伟人的人生经历中获得人生的启迪，汲取前进的动力。

（设计意图：让学生获得有益的人生启迪，培养学生的人文素养，点拨阅读的方法和意义。）

五、拓展训练

推荐阅读书目，激发学生阅读兴趣，开拓学生的阅读视野。

（设计意图：体现选修课特点，由课堂向课外延伸，拓宽学生的阅读视野，提升学生的阅读品味，培养学生良好的阅读品质。）

周文福老师凭借这份教学设计及在教学中的突出表现，最终拿到了一等奖第一名。他在获奖以后静心总结时，说过这样的话：“教学文本一共15页，通读一遍大约需要半小时，在一节课内要想面面俱到地教学是绝对不可能的。对教学内容的抉择，就决定了这节课的成败。深思熟虑之后，我依据教材及单元教学的要求，确定了：'梳理选文的脉络，探究沈从文的人生轨迹，把握其传奇色彩；品味关键性的语句，体会作者的生活态度和对人生的思考；感悟主旨，了解逆境对传主的意义，从中获得有益的人生启迪，培养学生的人文素养'的教学内容。有所舍弃，有所侧重，是这节课教学成功的前提。”

这个课例，给了我们这样的启示：我们常常听到“伤其十指不如断其一指”之类的经验，但我们却不能创造性地运用到我们的教学中去。我们的课堂教学中，有多少知识是在不断地重复啊。作为一线教师，我们应该认识到：避免不必要的重复，就是讲求效率。教学内容的取舍，从某种意义上说，决定了课堂教学的成败。

三、教学中的文本，可以融通

　　教学文本是一篇一篇的文章，我们也就理所当然地一篇一篇教下去。很少有人这样提问：这样的教学思路，是不是唯一的？我们还能不能找到另外的路径呢？

　　特级教师盛庆丰就做过这样的尝试，他以人教版必修一中《小狗包弟》与《奥斯维辛没有什么新闻》两个文本为例，进行整合，为我们探索另外的路。且看他是怎么做的。

生命的追问　人性的反思

——《小狗包弟》与《奥斯维辛没有什么新闻》教学过程实录

马鞍山二中　盛庆丰

　　一、导入新课

　　（略）

　　二、感知文本——获取学生在初读文本后的感受

　　（教师强调阅读本文的"第一印象"。）

　　（随机请几位同学简要作答。）

　　三、对话文本——学生在初步感知的基础上走进文本，以"生命""人性"为主题与文本"对话"，说自己的发现，谈自己的感受

　　（学生的体悟最本真，也最重要）

　　1. 你知道《小狗包弟》写了一个怎样的悲剧？

　　2. 你知道"奥斯维辛"又有着怎样的悲剧意义？

　　关于奥斯维辛大门的说明：门头上的德文是"劳动使人自由"。补充：在电影《辛德勒名单》中有这样一个镜头，一位党卫军的头目弗里希上尉对一批又一批新来的囚犯说过这样的话："我警告你们，你们不是到一个疗养院来，你们是到一个德国的集中营来，你们除了从烟

囱里出去外，就没有别的路走出这儿。"

四、直面历史，铭记历史

1. 从文本中找出做能体现"文革"时代特征的词语。

红卫兵、专政队、批斗、武斗、游街示众、"四旧"、"里通外国"、反革命、抄家……

2. 从文本中找出最能体现"奥斯维辛集中营"特征的词语。

毒气室、人体实验室、鞭刑柱、焚尸炉、绞刑室……

五、良知与责任——仰望作者

1. 巴金——20世纪中国的良心。

外国朋友常常问我："'四人帮'不过四个人，为什么有这样大的能量？"我吞吞吐吐，不曾正面回答他们。但在总结十年经验的时候，我冷静地想：不能把一切都推在"四人帮"身上。我自己承认过"四人帮"的权威，低头屈膝，甘心任他们宰割，难道我就没有责任！难道别的许多人就没有责任！不管怎样，我要写出我的总结。我准备花五年的工夫，写出五本《随想录》。这是我的责任，也是我的权利。

——《探索集》后记

倘若一个国家是一条航行在大海上的船，新闻记者就是船头的守望者，他要在一望无际的海面上观察一切，审视海上的不测风云和浅滩暗礁，并及时发出警报。

——普利策

文学惟有保持与人类苦难记忆的联系，它才是道德的、人性的、人生的；惟有这样，它才可能返回人类的心灵，获得为其他精神创造物所没有的温暖和力量。

尽管遗忘和排斥的诱惑是巨大的，但我们绝不能屈服于它，牢记奥斯维辛是我们的道义和责任。

——施罗德

六、拷问心灵——拓展延伸

1. 人有时是脆弱的。生活中我们也时常会做一些连自己都感到脸红、甚至耻辱的事，你有勇气去面对这些事情吗？如果有，请拿起你的笔勇敢地把它写出来！

2. 如果你去南京游玩，你有没有去雨花台烈士陵园或侵华日军南京大屠杀遇难同胞纪念馆看一看的念头？为什么？

盛庆丰老师这节课，给了我们这样的启示：文本之间是可以融通的，不同的文体在同一母题下可以融通、不同的母题在相同的文体下也可以融通。古代作品和现当代作品可以融通，诗歌和散文也可以融通，关键是要找到融通的"节点"。

没有任何规定限制我们不能将课文组合起来上课。相反，有时候将课文组合起来，还能提高效率，有助于学生能力的提高。

四、经典的文本，可以出新

经过教学实践的检验，语文教材中的一些篇目被一直保留着，成为教学文本中的"经典"。对这些经典的文本，教师们倍加关注、反复研究，成熟的经验积淀了很多。在教学这类文本时，可资参考的资料特别多，常常被资料包围着，很难冲出重围了。

教学这类文本时，当然应该吸收成功的经验，为我所用；但走出重围、教出新意更为重要。

《庖丁解牛》属于"经典"，且看下面的教学设计：

学不完的庄子
——《庖丁解牛》教学设计
马鞍山中加双语学校　郭佳奇

【教学目标】
1. 学习本课的语言、写作技法。

2. 理解庄子的思想并作出正确的评价。

【教学重点】

能分析鉴赏本课的语言和写作技法。

【教学难点】

理解庄子的思想并作出正确的评价。

【教学过程】

一、开门见山、导入新课

（略）

二、展示目标、明确任务

（略）

三、分层推进、研读文本

（一）跟庄子学语言

1. 丰富的意蕴。

（1）两次评价，不同的意蕴。——一者赞叹于口，一者折服于心。

（2）举止言谈，相同的内心。——行为的享受，分享的自得。

2. 和谐的韵律。

（1）手之所触，肩之所倚，足之所履，膝之所踦。

对比：手触、肩倚、足履、膝踦——"之所"的妙用，形成音韵的和谐。

（2）砉然向然，奏刀騞然，莫不中音。合于《桑林》之舞，乃中《经首》之会。

"然"字妙用，让音节更协调。

（3）良庖岁更刀，割也；族庖月更刀，折也。

"也"字妙用，促进了音节的和谐。

3. 经典的语言

游刃有余、切中肯綮、目无全牛、踌躇满志……

（二）跟庄子学技法

1. 成功的对比。

2. 丰富的想象。

解牛的虚无，情节的荒诞，引人入胜，足见作者丰富的想象。

3. 铺叙和升华。

庖丁的话是对主题的铺叙渲染，而文惠君的话是对主题的升华。虚构庖丁解牛的故事，阐明养生之道。

（三）向庄子要思想

1. 庄子写《庖丁解牛》，想告诉读者怎样的道理？

（1）（养生或处世）要"因其固然""依乎天理"，即顺其自然。

（2）（养生或处世）要避开是非和矛盾的纠缠。

（3）（养生或处世）要取其"有间"，方能"游刃有余"。

2. 庄子的思想是积极的还是消极的？谈一谈你的认识。

本身价值：给后世处在危乱时代的人们或悲伤失意的人们在避世免祸的行为上以精神安慰。

庄子思想再认识：化消极为积极。（循序渐进、熟能生巧、掌握规律、顺应自然等）

四、课堂小结、延伸拓展

延伸：这节课，从三个层面来学习《庖丁解牛》。在学习过程中，你还有哪些独特的体验？

小结：学不完的庄子，我们课后继续学！

这份教学设计，把《庖丁解牛》当作一个例子，在"学习庄子"的话题下，分三个层面（学语言、学技法、要思想）展开，又以"学不完"统领话题，将课堂教学引向课外的研习。

郭佳奇老师说："在设计这份教案时，我研究了十几份教案，通读了《庄子》。我想，《庖丁解牛》并不难教，可是《庄子》真的学不完。我想给学生一个新的视野，让他们能够走近《庄子》。"

这个课例给了我们这样的启示：学习经典篇目，教师的眼界要宽，既要继承，又要出新。

五、挖掘教材内容，可以探究

新课程改革以来，"探究"成为时尚。为了探究，师生们要挖空心思到处寻找探究的对象。许多师生将目光延伸到了社会，而这些社会性的话题，往往是师生们难以驾驭的，这就很容易"纸上谈兵"。

下面是一节市级公开课的课例。听课老师一致认为，这节课是在真正地探究，具有示范性。

女性与悲剧
马鞍山二中　鲁　峻

【教学目标】

鉴赏文学女性形象中的悲剧形象，提升学生的审美能力。

【教学重难点】

引导学生体会悲剧的价值。

【教学时数】

一课时

【教学步骤】

一、导入新课

（略）

二、悲剧的本质

1. 在你学过的课文中，有哪些含有悲剧色彩的女性形象？这些形象分别具有哪些特点？

出自《诗经·氓》中的卫女——渴望爱情、反抗、自省。

出自《孔雀东南飞》中的刘兰芝——钟情、勤劳、多才、勇于抗争。

出自《窦娥冤》中的窦娥——勤劳善良、孝顺、自我牺牲、勇于抗争。

出自《祝福》中的祥林嫂——勤劳善良、孝顺、守礼、勇于抗争。

……

2. 这些女性形象有没有共同特点？

讨论明确：一是具有传统美德，二是追求美好生活，三是具有反抗精神。

3. 悲剧的本质是什么？

"将人生有价值的东西毁灭给人看。"（鲁迅）

三、女性悲剧产生的原因

1. 各有各的不幸。造成这些女性悲剧的直接原因是什么？

卫女——男子对爱情的背叛、家庭暴力。

刘兰芝——婆婆的压迫。

窦娥——官吏的昏庸。

祥林嫂——封建礼教。

……

2. 造成女性悲剧命运的共同原因是什么？

讨论明确：一是经济地位被动，二是社会地位低下，三是主体意识缺乏。

四、悲剧的价值

1. 具体分析：每个女性被毁灭之后所产生的价值。

卫女——对情感背叛的谴责，对家庭暴力的谴责，对女性自省的讴歌。

刘兰芝——对封建家长干涉婚姻的批判，对坚贞爱情的讴歌。

窦娥——女主人公于非常之境仍能坚持，并愈见生辉的伦理人格和面临死亡所爆发出的抗争精神所激起的崇高感。对封建官吏的批判。

祥林嫂——对造成祥林嫂毁灭的"夫权、神权、族权""三从四德""三纲五常"等封建思想的强烈否定，激发了"要人类都受正当的幸福"（鲁迅语）的崇高追求。对封建礼教的批判。

......

2. 悲剧共性的价值

讨论明确：悲剧美主要体现在悲剧角色引起的崇高感。悲剧意蕴的一个重要方面是人面对社会实践的不幸、苦难与毁灭时所表现出的人格升华与自我超越，即表现出真善美的人性诗意与昂扬的生命力。

追溯悲剧原因，促进人们反思，避免悲剧重演，推动社会进步。

五、总结，布置作业

1. 总结："悲剧与女性"是自古不衰的文学母题之一。高中语文课本中的女性形象也都基本与悲剧联系在一起。读懂这些女性形象也就读懂了悲剧。

2. 布置作业：从下列选题中任选一题，写一篇研究心得。

参考题目：《从卫女到林黛玉》

《从〈哈姆雷特〉与〈雷雨〉女性形象对比看中西方悲剧的不同》

《繁漪是"美"的吗？》

这节课给了我们这样的启示：语文的探究，不要脱离"语文"本身。教材中就有许多值得探究的内容，如教材中的战争观、生死观、母亲形象等，这些内容都是可以探究的。

遗憾的是，我们常常在课本之外去寻找探究话题，课本中的这些内容还没能引起足够的关注。

六、教学内容，可以重新建构

教材，是为教学服务的。根据教学需要，可以对教材进行重新处理。特级教师郭惠宇在教学选修课《唐诗宋词选读》（苏教版）时，就利用现有教材设计了自己的内容。以下节录的是"唐诗选读"的教学内容，且看他如何操作：

擦亮『徽派语文』的牌子

——语文教研员关于『语文』的思考与实践

西塞山怀古/刘禹锡

★自河南经乱，关内阻饥，兄弟离散，各在一处。因望月有感，聊书所怀，寄上浮梁大兄、於潜七兄、乌江十五兄、兼示符离及下邽弟妹/白居易

天上谣/李贺

诗国余晖中的晚唐诗

无题（相见时难别亦难）/李商隐

★安定城楼/李商隐

九日齐山登高/杜牧

★寄扬州韩绰判官/杜牧

长安晚秋/赵嘏

商山早行/温庭筠

……

注：标有★的是选教或自读内容。

依据以上教材内容及自己教学的实际需要，郭惠宇老师设计了自己的教学计划。

表2　《唐诗宋词选读》教学计划

类别	话题	篇目	欣赏要点	课时
唐诗部分	羁旅：别是一番滋味在心头	《和晋陵陆丞早春游望》（杜审言）、《旅夜书怀》（杜甫）、《长安晚秋》（赵嘏）、《商山早行》（温庭筠）	炼字与炼意	2
	登高：叩问生命的意义	《滕王阁》（王勃）、《登柳州城楼寄、漳、汀、封、连四州》（柳宗元）、《九日齐山登高》（杜牧）、《安定城楼》（李商隐）	意象的选择	2
	边关：铺展激越的生活图景	《从军行》（杨炯）、《燕歌行》（高适）、《走马川行奉送出师西征》（岑参）、《兵车行》（杜甫）	叙写事物的特征	3

续表：

类别	话题	篇目	欣赏要点	课时
唐诗部分	送别：最伤最痛是离别	《春夜别友人二首（其一）》（陈子昂）、《送魏万之京》（李颀）、《送友人》（李白）	情景的关系	1
	明月：寄千种情怀，引无限感慨	《春江花月夜》（张若虚）、《望月怀远》（张九龄）、《山居秋暝》（王维）、《月下独酌》（李白）、《自河南经乱，关内阻饥，兄弟离散，各在一处。因望月有感，聊书所怀，寄上浮梁大兄、於潜七兄、乌江十五兄，兼示符离及下邽弟妹》（白居易）	诗歌的境界	4
	游仙：张开想象的翅膀	《梦游天姥吟留别》（李白）、《天上谣》（李贺）	诗歌的想象	3
	咏怀：心中块垒因何解	《将进酒》（李白）、《寄李儋元锡》（韦应物）、《左迁至蓝关示侄孙湘》（韩愈）、《寄扬州韩绰判官》（杜牧）、《无题（相见时难别亦难）》（李商隐）	抒情的方式	3
	怀古：怅望千秋一洒泪	《与诸子登岘山》（孟浩然）、《咏怀古迹五首（其三）》（杜甫）、《西塞山怀古》（刘禹锡）	典故的意义	2

比较原书目录和郭惠宇老师的教学计划，我们发现在郭老师的"教学计划"中话题改变了，篇目重组了，知识点突出了，课时落实了。这里，我无意比较优劣，但我可以肯定地说，它们相得益彰，这份教学计划大大地丰富了原有教材的内容，更具可操作性。

结　语

以上举了五个课例和一个教学计划，他们都有自己的特点。但有一点还是共通的：把教材当作"例子"。我们以为，用活教材，语文课也会跟着活起来。

教材是"死"的，但是使用教材的人却是活的。语文教学要"灵动"，用活教材当是第一步。

不该轻视的常规

——也说听课与评课

引　言

听课与评课，是最为常见教研活动。

因为习以为常、司空见惯，每每参与听课与评课，就算完成了一项任务。至于为什么要听课与评课，怎样听课与评课等这些核心的东西，反而受到冷落。

常规，真的不该被轻视。

一、听课、评课为哪般

依据相关文件规定，在教师职称评定及相关的考核中，必须要有听、评课的记录。据此，不同的地区、不同的学校都强调教师必须参与听、评课，甚至还规定了听、评课的具体节次，如每学期不少于12节等。

这就给听、评课涂上了功利的色彩，成了教育教学工作中必须完成的硬性任务。这种功利色彩，是客观存在的，毋庸讳言。

可是，若从功利角度去认识听、评课，必然会误入歧途。在听、评课过程中出现的一些敷衍、造假的不良行为，大体是为了完成"任务"，而不是出于"自觉"。

在我们看来，听、评课是促进教师专业发展的重要手段。原因是在学习借鉴别人长处的同时，发展着自己。每个教师的教学都有自己的长处，见贤思齐，一节课能够学到"一点"，哪怕就是学到了自己平时误读的一个字音，那也是收获啊。倘能从听、评课中学到一些方法和经验，那就是很大的收获了。

在诊断别人不足的同时，发展自己；在听、评课中，听课的人常常能够发现一些不足。其实，发现别人的不足，就等于给自己找到了一面镜子，可以提供借鉴，让你在以后教学中少走弯路。

在互相启发中，碰撞出智慧的火花。听、评课的过程，是教学者与众多的听课者、听课者与听课者之间的交流，在交流中可能见仁见智，甚至，还会出现截然不同的观点。这恰恰是智慧的碰撞，而智慧碰撞出的火花，能照亮我们思维中的死角，让我们能够把一些问题看清楚，想明白。

这样看来，听、评课的本质是促进教师的专业发展，因此，对待听、评课，我们应该"自觉"。

二、听、评课之前要思量

听、评课中，常常出现一些尴尬的场面：一位专家评课以后，听课者不置可否，默默退场；或者，上课的教师与评课的人对峙，自说自话，各不相让；或者，上课的教师成了众矢之的，委屈地成了靶子；或者，评课者虽高高在上，却言不及义，说不到点子上……

语文课，尤其如此。因为没有人不认识文字，所以人人都似乎懂得语文，都能说上几句。

可是，在我们看来，语文的听、评课是最难的。因为，你要有真知灼见，你就要站得高，看得远，这样才能服众。肤浅的、甚至外行的评说，无法面对一线的语文教师。

语文学科的听、评课要拒绝平庸，就必须在听、评课之前，做好准备工作。

1. 要了解上课对象。上课的人是谁？他的教学有什么特点？上课的学生是哪个年级的？他们的水平怎样？类似于这样的问题，都应该做到心中有数。

2. 要了解上课内容。听课之前，要知道上课内容，要对教学文本进行深入思考，甚至，要有这样的构想：假如我来上，我会如何设计、如何组织教学？

3. 要清楚自己听、评课的目的。我是来虚心学习的，还是来显摆自己的？我是采取平等的态度，还是采取敬仰的或者卑微的态度？我的视野仅限于课例，还是要从课例拓展到理论？我是要全面地观察、评说，还是只取其长而不及其短？类似于这样的问题，应该有所考量，否则，就可能闹出矛盾。

如果一点准备都没有，我们建议：听完课之后，少说话，或者，不说话。

三、评课的标准

理论上讲，评课主要围绕以下一些内容进行：

1. 对教学目标进行分析、评价。目标是教学的出发点和归宿，它能否正确制订和达成，是衡量课的好坏的主要尺度。

2. 对教材处理的分析、评价。要看对教材的处理是否得当，是否突出了重点，突破了难点，抓住了关键。

3. 对教学思路的分析、评价。教学思路是教师上课的脉络和主线，它是根据教学内容和学生水平两个方面的实际情况设计出来的。要看它是否

87

符合教学实际需要，要看它的脉络是不是清晰的，要看它有没有个性特征。

4. 对教学方法和手段的分析、评价。分析、评价教师在教学过程中为完成教学目标、任务而采取的教学方式和手段。包括教师"教"的方式和手段，还包括学生"学"的方式和手段。

5. 对教师教学基本素养的分析、评价。这类分析、评价，主要关注教师的教态、板书、语言、操作等。

6. 对教学效果的分析、评价。这类分析、评价，主要关注教学效率、学生收获。课堂效果的评析，有时也可以借助于测试手段。即当上完课，评课者出题对学生的知识掌握情况当场做测试，而后通过统计分析来对课堂效果做出评价。

在实际评课过程中，评课者还必须考虑以下内容：

1. 上课的对象：对象不同，要求也不同。比如：年轻教师与老教师是不在一个起跑线上的。

2. 开课的目的：目的不同，评课的重点也不同。比如研究课和示范课是不在同一个范畴内的。

3. 评课的重点：个人的取向不同，评课的重点也不同。面面俱到，不一定就是最佳的评课。

在我们看来，评课是有标准的，但评课，更应该体现个性。空泛的评课，其实就是一堆废话。

四、评课中的忌讳

一个普遍的现象：老师怕上公开课。原因是多方面的，但"评课"难辞其咎。

我们常常以为，评课中存在毛病是：没有重点、多说套话、多说好话等，以为只要不讲假话，就应该无所顾忌。事实上，评课过程中存在着许多"忌讳"，一旦犯忌，除了自己懊悔，还可能对上课的人造成伤害。这类忌讳可能不合"理"，却是合乎"情"的。

1. 职评课中，忌说"缺点"。

为了职称评定而上公开课，其目的非常明确。上课教师需要评课者的肯定，这种场合的评课最忌过多评说缺点，假如不明白这样的"潜规则"，缺点说了一大堆，上课教师情何以堪？有很多缺点的课，又如何能放进职称评定的材料中去？

2. 对年轻教师的公开课，忌说"不行"。

对刚刚走上工作岗位，或者教龄不长的年轻教师而言，他们的课极可能存在这样或那样的不足：有的胆怯，照着教案读；有的不懂板书，随手乱写；有的过程不够清晰，甚至还有点混乱；有的不关注学生，只管自己的教学流程……

看到他们的种种不足，如果按照"标准"评价，最终的结论是，这样上课"不行"！

但是，假如还能想到自己年轻时的表现，我们似乎也是这样走过来的。我们年轻时也并不比现在的年轻人高明多少，还会说"不行"吗？

因此，我们真的以为：对年轻教师的公开课，要用发展的眼光来看待、来评价，万万不要说他们"不行"，实际上，他们会一天天地成熟起来！

鼓励，不是不坚持原则，年轻教师真的需要鼓励！

3. 随堂听课中，忌说"随意"。

教学检查时，为了解课堂教学的真实情况，常常是随机、随堂听课。这样的课，最真实，也最能反映一个教师的教学的常态。只有在这样的课堂中，你才能听到"原生态"的课。

这样的课，不是刻意准备的，也就谈不上刻意雕琢，因此，在教学目标上、在教学内容上、在教学过程中都可能存在着一些不足。

评课时，极有可能说："教师有些随意。"但我以为，这样的评价值得商榷。原因是课堂教学连续的，并不是一篇篇的独立的短篇小说，真正的课堂教学犹如章回小说：有时候，必须留待"下回分解"；有时候，还须另立回目……

课堂教学是动态的，它要根据教学的情况适时调整，而听课者并不了解前因后果。

这样看来，学生需要的课，才是真正的好课。师生之间的了解，远远比听课者对他们的了解要多。听课者也就没有理由用"随意"来评价课堂教学了，或许，听课者看到的"随意"恰恰是不受拘束的表现呢。

4. 示范课中，忌说"不足"。

能够开"示范课"的教师，大多数有一定的的头衔。头衔愈多，示范课的级别越高。如在全国性研讨会上开设的示范课的教师，基本都是"大家"了。

问题是，语文学科不像别的学科，即使是在"百家讲坛"中开讲的教师，也依然会遭到别人的诟病。

教学总是遗憾的艺术，语文课更是如此吧。这样看来，评课时说些"不足"也是理所当然的。可是，听了那么多的示范课，我们还真的没有听到过"不足"的评价。

起初，我们不理解，也很不以为然。后来渐渐想通了：示范课，是演示给听课者看的，倘有"不足"，主办者颜面何在？

说了"不足"，也会被其他人反驳回来。倘真的要说不足，还是私下里交流吧，大众场合是不宜说的，这恐怕是一条"潜规则"。

5. 领导面前，忌说"最烂"。

评课，当然要保持公正的立场。本着公平公正的原则，在领导面前评课，对待教学中存在的不足，出语要谨慎，忌说"最烂"之类的评语。

以上情况，你是否也遇到过？我们当然要说真话，但是，要讲究方式方法，因时制宜，因地制宜。

五、课堂观察

传统的听、评课，主观性很强，个人色彩浓烈，存在着不够客观、缺乏证据之类的弊端。可是，因为习惯的存在，还因为它有简单易行的特点，所以，目前还被广泛采用。

为弥补、纠正传统听、评课中的不足，课堂观察开始受到学界的关注。

课堂观察有三个基本步骤：

（1）课前会议：课堂观察前的准备，确定观察的目的和规划。

（2）课中观察：进入课堂及记录资料。

（3）课后会议：课堂观察后的工作，资料的分析和结果的呈现。

在课堂观察中，设计了4个维度，20个视角，68个观察点。见下表：

表1　课堂观察中的维度——学生学习

视角	观察点举例
准备	学生课前准备了什么？是怎样准备的？ 准备得怎么样？有多少学生做了准备？ 学优生、学困生的准备习惯怎么样？
倾听	有多少学生能倾听老师的讲课？能倾听多少时间？ 有多少学生能倾听同学的发言？ 倾听时，有多少学生有辅助行为（记笔记/查阅/回应）？有哪些辅助行为？
互动	有哪些互动行为？学生的互动能为目标达成提供帮助吗？ 参与提问/回答的人数、时间、对象、过程、质量如何？ 参与小组讨论的人数、时间、对象、过程、质量如何？ 参与课堂活动（个人/小组）的人数、时间、对象、过程、质量如何？ 学生的互动习惯怎么样？出现了怎样的情感行为？
自主	学生可以自主学习的时间有多少？有多少人参与？学困生的参与情况怎样？ 学生自主学习形式（探究/记笔记/阅读/思考）有哪些？各有多少人？ 学生的自主学习有序吗？学生有无自主探究活动？学优生、学困生情况怎样？ 学生自主学习的质量如何？
达成	学生清楚这节课的学习目标吗？ 预设的目标达成有什么证据（观点/作业/表情/板演/演示）？有多少人达成？ 这堂课生成了什么目标？效果如何？

表2 课堂观察中的维度二——教师教学

视角	观察点举例
环节	由哪些环节构成？是否围绕教学目标展开？ 这些环节是否面向全体学生？ 不同环节/行为/内容的时间是怎么分配的？
呈示	怎样讲解？讲解是否有效（清晰/结构/契合主题/简洁/语速/音量/节奏）？ 板书怎样呈现的？是否为学生学习提供了帮助？ 媒体怎样呈现的？是否适当？是否有效？ 动作（如实验/动作/制作）怎样呈现的？是否规范？是否有效？
对话	提问的对象、次数、类型、结构、认知难度、候答时间怎样？是否有效？ 教师的理答方式和内容如何？有哪些辅助方式？是否有效？ 有哪些话题？话题与学习目标的关系如何？
指导	怎样指导学生自主学习（阅读/作业）？是否有效？ 怎样指导学生合作学习（讨论/活动/作业）？是否有效？ 怎样指导学生探究学习（实验/课题研究/作业）？是否有效？
机智	教学设计有哪些调整？为什么？效果怎么样？ 如何处理来自学生或情景的突发事件？效果怎么样？ 呈现了哪些非言语行为（表情/移动/体态语）？效果怎么样？ 有哪些具有特色的课堂行为（语言/教态/学识/技能/思想）？

表3 课堂观察中的维度三——课程性质

视角	观察点举例
目标	预设的学习目标是什么？学习目标的表达是否规范和清晰？ 目标是根据什么（课程标准/学生/教材）预设的？是否适合该班学生？ 在课堂中是否生成新的学习目标？是否合理？

续表：

视角	观察点举例
内容	教材是如何处理的（增/删/合/立/换）？是否合理？ 课堂中生成了哪些内容？怎样处理？ 是否凸显了本学科的特点、思想、核心技能以及逻辑关系？ 容量是否适合该班学生？如何满足不同学生的需求？
实施	预设了哪些方法（讲授/讨论/活动/探究/互动)？与学习目标适合度如何？ 是否体现了本学科特点？有没有关注学习方法的指导？ 创设了什么样的情境？是否有效？
评价	检测学习目标所采用的主要评价方式是什么？是否有效？ 是否关注在教学过程中获取相关的评价信息（回答/作业/表情)？ 如何利用所获得的评价信息（解释/反馈/改进建议)？
资源	预设了哪些资源（师生/文本/实物与模型/实验/多媒体)？ 预设资源的利用是否有助于学习目标的达成？ 生成了哪些资源（错误/回答/作业/作品)？与学习目标的关系怎样？ 向学生推荐了哪些课外资源？完成程度如何？

表4 课堂观察中的维度四——课堂文化

视角	观察点举例
思考	学习目标是否关注高级认知技能（解释/解决/迁移/综合/评价)？ 教学是否由问题驱动？问题链与学生认知水平、知识结构的关系如何？ 怎样指导学生开展独立思考？怎样对待或处理学生思考中的错误？ 学生思考的人数、时间、水平怎样？课堂气氛怎样？
民主	课堂话语（数量/时间/对象/措辞/插话）是怎么样的？ 学生参与课堂教学活动的人数、时间怎样？课堂气氛怎样？ 师生行为（情境设置/叫答机会/座位安排）如何？学生间的关系如何？

续表：

视角	观察点举例
创新	教学设计、情境创设与资源利用有何新意？ 教学设计、课堂气氛是否有助于学生表达自己的奇思妙想？如何处理？ 课堂生成了哪些目标/资源？教师是如何处理的？
关爱	学习目标是否面向全体学生？是否关注不同学生的需求？ 特殊（学习困难、疾病）学生的学习是否得到关注？座位安排是否得当？ 课堂话语（数量/时间/对象/措辞/插话）、行为（叫答机会/座位安排）如何？
特质	该课体现了教师哪些优势（语言风格/行为特点/思维品质）？ 整堂课设计是否有特色（环节安排/教材处理//导入/教学策略/学习指导/对话）？ 学生对该教师教学特色的评价如何？

针对每个观察点，还需要开发出相应的观察表，最终让数据说话。

需要说明的是，在课前会议上，要根据需要选择观察点，而不是面面俱到地进行观察。

课堂观察也有自身的局限。它只能凭借观察者的感官及有关辅助工具（如观察量表、录音录像设备）观察可视、可感、可知的直观现象与行为，不能观察看不见、摸不着的内在机理（诸如师生的心理变化），只能从现象来分析、理解本质，它是一种归纳的方法。虽然如此，但它与传统的听、评课比较，在科学性、客观性上的优势还是明显的。

我们珍视传统，但我们更应该创新。随着课堂教学研究的深入，听、评课的方式和内容必将发生改变。

结 语

听、评课，是教师必做的功课。如何做好，做出质量，这是值得思考的问题。传统的听、评课，优缺点并存，新起的"课堂观察"也不是万能的钥匙。

但我们总能找到解决问题的方法，这就需要我们不断地求索。

留下脚印一串串

——走在专业成长的路上

引　言

　　教师的专业成长不是一蹴而就的，它有一个过程，在这个过程中，有一些"事件"是标志性的。当我们再回顾这个过程的时候，就仿佛看到了一个一个定格的"脚印"。这些"脚印"，可以引导年轻教师在专业成长的路上走得更稳、更快、更好。

一、站稳讲台

　　走上讲台，不一定能够"站稳"。站稳讲台，是有条件的。

　　1. 要了解教学对象。教学，从某种意义上讲，就是为学生服务。假如，教师的教学不受学生欢迎，那么，这样的教学无疑是失败的。

　　为了得到学生的肯定，教师应该研究学生。

要研究学情、学生的爱好、与学生的交流方式、学生的个性特征，甚至还要研究学生的学习背景、家庭背景。

只有通过上述研究，才能真正了解所教学生的共性与个性，才能为因材施教找到落脚点。

2. 要不断提升自己的能力。作为一个教师应该明白这样的道理：仅有专业知识的储备是不够的。一个中文系本科毕业的年轻教师，他的专业知识对付中学语文应该绰绰有余。但他对教材的处理能力、对课堂教学的驾驭能力、对学生的管控能力等，还远远不够。这就需要反复不断地磨炼、提升。

3. 增加知识储备。在中学语文教学需要储备的知识系列中，有些知识是大学课堂里忽略的、甚至不讲的，比如：《语文课程标准》《考试大纲》《考试说明》等。

实际上，这些知识恰恰是教学时所必备的，它们是教学的依据和方向。一些年轻教师，往往到了临毕业或走上工作岗位才去关注这方面的知识，走过不少冤枉路。

4. 尽快提高自己的教学技能。教学技能的掌握，似乎不难。但是，要达到一定的高度，则需要付出艰辛的汗水。

比如：教学语言——要达到简洁、凝练、富有激情和语文味的标准，很难。

板书——要达到简洁明了、突出重点且富有美感的标准，很难。

多媒体课件——要达到使用最新技术、且能很好地为教学服务的标准，很难。

……

当满足了上述所有条件之后，标志性的事件就会出现了——学生评教时，受欢迎的程度很高；开设公开课时，评价极好；课堂教学大赛时，常常获奖……

我们以为，这才叫"站稳讲台"了！

二、写点东西

在教学过程中，常常会遇到一些困惑，也常常会有一些心得，收获固然可喜，不足更要反思。为此，我们应该写点什么。

我们可以从关注"教材、教参、教辅"开始，看看我们的教材中，有哪些优点，有哪些瑕疵；看看我们的教学用书中，有哪些意见值得肯定，还有哪些意见值得商榷；看看我们使用的教辅中，有哪些是精华，还存在着哪些问题。有一点发现，就可以形成文字。

我们可以聚焦自己的课堂教学。举凡在教学中的收获、困惑，都可以形成文字。

我们可以集中思考一些问题。比如"《劝学》教学内容的确定""板书设计的美学原则""多媒体对语文课堂教学的影响""单元知识序列化的教学构想"等，一旦有所心得，及时形成文字。

我们可以从学习中，发现问题，找到方法。在学习相关的语文论著时，我们会有所收获；在阅读专业杂志时，我们也会有所心得；在与同行交谈时，也会碰撞出思想的火花。对此，也能及时整理成文字。

……

开始时，不要贪多、贪大，"豆腐块"也未必不是文章，只要坚持，渐渐地就会丰富起来。

我们可以尝试着向相关的杂志投投稿，一开始，可能是石沉大海，但不必气馁，只要坚持，总有收获。

当我们坚持之后，标志性的事件也就会出现了：你的文章发表了，你的论文获奖了，甚至，编辑也会向你约稿了。

三、做点研究

对于青年教师而言，谈到研究，切莫端足架子广而告之：我要研究语文教学了！那恐怕有点拉大旗作虎皮。

在我们看来，能够主动关注自己在教学中存在的问题，便有了研究的意识，带着问题出发，便会走上研究之路。

开始的时候，"研究"应该是具体而微的。比如：关注教材中的某个细节、关注练习中的某个角度、关注某个文本的板书设计、关注某个学生的学习态度……在持续关注的同时，就会发现一些"问题"，沿着这些"问题"去探寻，便能找到"问题"产生的"原因"，找到了原因所在，便会寻找解决方法。一个问题解决了，新的问题又可能产生了，接着又会进入"发现问题——查找原因——解决问题——新的问题"这样循环往复的套路中。这种研究方式称之为"行动研究"，它特别适合一线教师进行"研究"。它促使我们不断思考，不断积累经验，不断进步。

当自己对教学中具体而微的问题研究多了，就会集中聚焦一些共性问题，如"小说教学的路径""散文教学中的情感处理""语文知识的合理建构"等。一旦关注某类共性问题，就会把它当作"课题"来认真研究了。有时候，会发现一个人的能力有限，那就会促使自己有意识地寻找合作伙伴了。

到了这个时候，一些标志性的事件也会出现了：主动申报研究课题，且能得到上级主管部门的批准和有力支持，自己的研究项目也能得到同行的响应和帮助，会产生一定的效应。经过一段时间的研究，能够收获一些研究成果。这些成果，能够让同行借鉴、分享。

四、筛选作业和命制试题

题山题海，饱受诟病。学生苦，教师也苦。

目前教辅市场上的学习资料大多是你方抄罢我再抄，结果是脸孔一样。

设想着通过"精练"，达到"减负"的目的，依然是纸上谈兵。

这其中的原因固然是多方面的，可是，教师是难辞其咎的。

对待"练习"，教师要拿出眼光，自己来选。现在的配套"练习"，有一课一练、单元测试、综合测试等，装订起来厚厚的一本，并不比教材的份量轻。一节课下来，学生也至少还要一节课的时间来完成"配套练习"。

我们并不是说不要做"练习"，我们只想问：这些"练习"，教师提前做过吗？假如提前做了，有没有发现"重复的""无效的"习题呢？

据我们观察，很多教师都是不加选择地把各种练习卷强加给了学生。实际上，市场上的教辅资料良莠不齐，有的还是粗制滥造，做多了，不仅没有好处，反而可能产生负面影响。

我们以为，教师一定非要放出眼光筛选学生的作业。

在筛选的过程中，慢慢就会发现：有些题目的题干不合理、有些题目的内容超出学生的学习范围、有些题目十分刁钻、有些题目很不严谨……

对题目中出现的问题，要有勇气和智慧进行处理：或删除，或改造。总之，教师都觉得有问题的题目，倘若还要让学生去做，那是不合适的。

经过对试题长时间的筛选、改造，自己就会积累一些经验，再读一些理论的书籍，就会知道试题命制的一般常识和规律了。于是，就会自觉地尝试命题了。

一开始，可能显得幼稚，也会有些力不从心，只要坚持，必有收获。

于是，一些标志性的事件出现了：自己命制的试题，被杂志采用了；在大规模考试中，也被命题单位聘为专家了……

五、发展个性

教学，都是从学习别人、模仿别人开始的。但目标是发展自己的教学个性，是成就自己的教学艺术。

经过多年的积淀，优秀的教师都应该重新认识自己，都应该审视自己教学中的长处和不足，都应该找到一条适合自己发展的正确路径，使自己在教学上能够走得更远。

以马鞍山市部分特级教师为例：

侯纪平老师，一直以为语文教学一定要"教语文"，而不是语文之外的东西；语文教师，要有自己的话语系统，它不同于数学、物理等学科，要简洁明了，语文教师的教学语言要有"语文"的特质。于是，在反复审视、思考之后，她认为"求真尚美"是她一辈子的追求，她写出了《求真尚美》一书，总结了自己的语文教师生涯中积累的经验和收获的心得。

郭惠宇老师，则是另一种境界。他认为，语文教学内容是活的，教学过程是有趣的，教学方法是因教学内容的不同而不断变化的，基于这样的认识，他写出了《灵动之美：郭惠宇老师教学艺术初探》一书，既阐释了自己对"语文"的认识，又以鲜活的课例验证了自己的教学理念，产生了很大的影响。

除此之外，还有许多在语文教学上很有成就的特级教师们，他们无不个性飞扬。

由于漪领衔主编，顾黄初作序的《名师讲语文丛书》，选择了二十位"名师"，从"我的语文人生""我的语文理念""我的语文实践""我的教学语录"四个层面，展示了他们深邃的语文教育思想、独特的语文教学风格。

大凡成名的教师，在教学上都有自己的追求。教学，不能一味地跟着别人走，那样的话，永远走不出自己的路来。

不是所有的教师，都能成为"名家"，但每个成熟的语文教师，都应该有自己的追求。

当有了"发展个性"的自觉追求时，一些标志性的事件也会出现：教学思路常常与众不同、教学内容有自觉的规划、教学板书追求简洁而独特、与学生对话更注重思想的碰撞……

结　语

有人以为，教师的专业发展是漫长的过程，是没有止境的。但我们以为，换个角度来看，教师的专业发展是有迹可循的，是看得见的，也是在逐渐地提高的。于是，我们谈了五个方面的问题，列出了一些标志性的事件。希望对年轻教师的专业成长，有所帮助。

考试里面名堂多
——命题、试卷分析及其他

引　言

中国作为一个文化早熟型的国家，考试制度的最早渊源可以追溯到夏商周时期。起初是用来考核官员的，隋开科举之后，历代沿袭，用考试选拔人才，成为"传统"。

中华人民共和国成立之初，也用高考"选拔"人才。"文革"时期，以"推荐"为主。1977年，恢复高考。之后，"考试"一直在发展。再之后，"考试家族"添丁进口，名目繁多。

以中小学而论，就有单元考试、期中考试、期末考试、模拟考试、质量检查考试、区域联合统考等，数不胜数。

检验教学效果，选拔优秀人才，当然需要考试。为弄清考试和教学的关系，作为教师就不能不研究考试。只有亲历过考试中的各个环节，才有资格说：我懂得考试了。

一、考试的目的和依据

很多一线教师，在命制试题的时候，是在"仿造"。即找到一份类似的试题，然后，依据这份试题的题型、结构、分值等，"仿造"试题。高中阶段仿高考，初中阶段仿中考，初中仿高中，小学仿初中……这样的试题，随意性极大，科学性缺失。

试题的命制，必须回到"根本"。也就是说，必须要清楚考试的目的及命题的依据。

一般地说，考试的类型不同，其目的也不同，命题依据也存在差异。见下表：

表1 各类考试的目的和命题依据

考试类型	考试目的	命题主要依据
单元测试	主要检测学生对单元学习内容掌握的程度	《课程标准》、单元教学说明、单元教学内容
期中考试	主要检测学生在一个阶段内对学习内容掌握的程度	《课程标准》、阶段内的学习内容
期末考试	主要检测学生一个学期以来对学习内容掌握的程度	《课程标准》、整册教材的学习内容
模块考试	主要检测学生对这个模块的学习内容掌握的程度	《课程标准》、模块教学要求及学习内容
毕业会考	主要检测学生是否达到学科要求的毕业水平	《课程标准》、《毕业考试说明》（《考纲》）
高 考	一种选拔性的考试，选拔学业优秀的学生	《普通高等学校招生全国统一考试大纲》《考试说明》

因为考试的类型不同，考试的内容（范围）也不同：有的侧重于课本，有的则侧重于课外；因为考试的目的不同，对考试呈现出来的结果的处理也不同：有的侧重于诊断，有的侧重于评价，有的侧重于筛选……

在我们看来，命题中还有一些因素最容易被忽视。如：考试对教学的导向作用、考试对应试对象的影响等。

目中没有学生（应试对象）的试题，肯定不是好的试题。如诊断性考试，其主要目的是要找到教学中存在的问题，以便找到解决问题的方法。这类考试，如果忽视了"学情"，测试结果就可能不真实。而一旦结果不真实，那考试的意义也就失去了。

至于考试的导向作用，那就更不能忽视。以高考为例，高考对整个高中教学的影响毋庸多言。考什么就教什么，似乎"天经地义"，假如高考一味地脱离课本，高三的师生就只能一味地复习训练了。看看我们的教学现状，莫不如是！

一句话，命题无小事，命题之前该想清楚的，一定要想想清楚。

二、双向细目表

除了少数参加过中、高考的命题教师外，很多的一线教师不知道"双向细目表"是什么，他们也命题，但从来不制定"双向细目表"。

可是，双向细目表，是命题之前制定的，它决定着试题的成败，它是试题命制过程中不可缺失的一个重要环节。

考试命题双向细目表是一种考查目标（能力）和考查内容之间的关联表。不唯如此，它还涉及试题的难易、题型、结构、分值等。下面，我们提供两个示例，以供参考。

示例一：

表2　2012年安徽省初中毕业学业考试语文学科双向细目表（A卷）

题序		考查内容	分值	能力层级	难度	难度值	平均分
一	1	默写常见的名句名篇	10	A	a	0.78	7.8
	2	知道常用汉字的字形和字音，掌握常用词语的意义，判断常见的修辞方法，熟练使用《新华字典》	9	A D	a	0.70	6.3
	3	知道课外读物的基本内容	4	B	c	0.60	2.4
	4	根据需要运用常见修辞方法来表情达意，写作常用应用文，借助语感和语法修辞常识修改文章	12	D	b	0.68	8.16
二	5	概括文章的中心论点	3	C	a	0.70	2.1
	6	体会重要句子在文中的意义和作用	4	C	c	0.50	2.0
	7	把握文章的思路	3	B	a	0.72	2.16
	8	发现观点与材料的联系并作出判断	4	B	a	0.70	2.80
	9	理解重要词句在文中的意义	4	B	c	0.50	2.0
	10	整体把握文章大意，从中获取重要信息	6	C	a	0.80	4.8
	11	理解文学作品中感人的情境和形象	4	B	a	0.80	3.2
	12	品味文学作品中富有表现力的语言	6	E	b	0.60	3.6
	13	对文学作品的内容和表达有自己的阅读心得	6	E	a	0.75	4.5
	14	知道常见文言实词和虚词的意思	5	B	a	0.72	3.6
	15	翻译文言文中重要的句子	4	B	a	0.70	2.8
	16	领悟文言文的内涵	2	C	a	0.75	1.5
	17	解说文言文的基本内容	4	C	a	0.70	2.8
三	18	常见文体的全篇写作	55	D	a	0.70	38.5
		试卷的卷面书写	5			0.70	3.5
整卷难度值		0.6968					
预估平均分		104.52					

示例二：

表3 马鞍山市2014—2015学年
第二学期素质测试高一年级必修三语文试题双向细目表

	题号	题型	知识点	章节	层级	难度	分值
一 基础 知识	1	选择	辨识常用汉字字形	课内外	A	0.70	3
	2	选择	正确使用成语	课内外	D	0.72	3
	3	选择	辨析常见病句	课外外	B	0.80	3
	4	选择	语言连贯	课内	B	0.56	3
二 说明 文阅 读	5	选择	理解文中句子的含意	课外	B	0.76	3
	6	选择	解说文中的观点	课外	B	0.75	3
	7	选择	筛选并提取文中信息	课外	B	0.72	3
三 文言 诗文 阅读	8	选择	了解常见文言实词在文中的含义	课内	B	0.65	3
	9	选择	了解常见文言虚词在文中的用法	课内	B	0.86	3
	10	选择	分析概括文言文的内容要点， 赏析诗文的形象	课内	B	0.68	3
	11	翻译	翻译文中的句子	课内	C	0.60	4
	12	选择	理解诗歌中语句的含意	课内	B	0.65	3
	13	选择	赏析诗歌的形象、语言、表达技巧	课外	C	0.58	3
	14	填空	默写常见的名句	课内	A	0.85	5
四 小说 阅读	15	简答	把握内容，归纳要点；解说文中起照应作用的句子；赏析作品的语言；分析概括作者在文中的感情，赏析文学形象。（依据选文，可以调整）	课内	B	0.71	共15分
	16	简答		课内	B	0.60	
	17	简答		课内	C	0.78	
	18	简答		课内	B	0.80	
五 写作	19	写作	常见文体的全面写作	课外	D	0.70	40
说明			文言文阅读，可以在不同的文章中各选一段，进行比较阅读。诗歌鉴赏，来自课内，可以节选				

考试里面名堂多

——命题、试卷分析及其他

105

要制定出"双向细目表"，就必须研究考试的目的、考试的内容、命题的依据……

考试的类型和要求是不尽相同的，但要命制出一份高质量的试题，就必须要制定"双向细目表"！

三、大规模考试之后的阅卷

这里所说的大规模考试，主要指毕业会考及中考、高考。我们以为，拥有大规模考试之后的阅卷经历，也是教学工作中的财富。虽然，阅卷费偏低。

以高考为例。社会上到处盛传：高考作文评分是在"草菅人命"，这到底是怎么一回事？假如没有这样的经历，你会怎么看？又假如，你就是参与评卷的教师，你又会怎么看？

一般人以为，平均几十秒就判定一篇作文分数，这简直就是神话。可是阅卷归来的教师却认为这不是神话，这就是现实。因为时间紧、任务重，不如此，就无法完成任务。在各地市组织的阅卷中，半天判定几百篇作文，并不稀奇！

仅此，就可以说，作文评分是在"草菅人命"吗？我们不妨听听阅卷教师的说法——

"开始阅卷的时候，需要慢慢看。可是，看过几十篇以后，就会发现一些规律：在立意、结构、语言、事例的选择上，几乎千人一面，雷同的太多了！当看过千篇以后，新鲜感消失殆尽。随着数量的增多，厌倦的情绪不断滋长！这之后，作文评分全凭感觉了。"

"每篇作文至少要认真读一遍吧？这样的问题，可笑至极。譬如你顿顿吃肉，吃腻了，不吃还不行，吃得下吗？千人一面的作文，看得你眼睛发胀，精神疲惫。"

"有没有冤改的？肯定有。那样快的速度，不制造'冤案'那是神话，但比例不会太高。原因是多方面的：比如，均分要保持在42分左右，那就是一个标杆，作文分数基本要围绕这个标杆在浮动。满分慎打、低分也要慎打。这样的要求，本质是减少差距。作文的分值最大，实际上的区分度最小。"

以上说辞，至少透露出这样的一些信息：几十秒判定一篇作文的分数是真实的，但那是在"熟悉"了之后；对评分标准，阅卷教师也有不同的看法，但做不了主……

再比如，对主观试题的判分。一般以为，一线教师会认真负责的。事实上，在集体阅卷时，最容易懈怠的，恰恰是一线教师。当我们在查分时，我们发现很多"冤判"案例，就是一线教师造成的。

总之，在大规模阅卷中，我们能够看到、体验到平时看不到、体验不到的东西。经历过，才懂得。

四、大规模考试之后的试卷分析

每年高考结束后，网上便充斥着对高考试卷的分析。打开看看，绝大多数是对答案进行解析。这种以"答案解析"来替代"试卷分析"的做法，实在有点荒唐。

因为工作需要，我们也常常做试卷分析。一般来讲，试卷分析要从以下角度来思考——

1.分析试卷中考查的知识点。

以高考语文试卷为例。依据"考纲"要求，考试内容分"必考"和"选考"两个部分。在"必考"中，分"现代文阅读""古代诗文阅读""语言文字运用""写作"四个部分。每一个部分中，又分出若干考点。像"现代文阅读"就列出了6个考点。

在分析试卷时，通常要把每一道试题考查的知识点找出来，然后与"考纲"进行对照，这样，就能够看出——知识点的分布是否合理、是否超出"考纲"、有没有重复、还有哪些没有考查等，依据这些对试题考查的内容进行评价。

2. 分析试卷的结构、分值。

看试卷分几个部分、多少道题、每道试题的分值是多少，然后做出评价——是否与《考纲》保持一致，结构和分值是否合理。

3. 分析试卷的语言材料。

对知识点的考查，要借助语言材料。对试卷中的语言材料，可以多方面进行分析：

（1）看语言材料有没有时代感、是否脱离了生活、是否对学生做题产生帮助（或制造了障碍）。

（2）看阅读材料的文体分布是否合理、有没有不公平的现象。

一份好的试题，在阅读材料的选择上，也是十分用心的，它会注意到文体合理的分布，会兼顾到不同的文体。在内容上，也会注意到地域及人文的差异，回避一些有争议的材料。

（3）看阅读材料的内容是否大气、经典。

阅读材料的选择，最能体现命题者的眼光。有些文章本身就存在着这样或那样的不足：语言不够典范、结构弄巧、思想肤浅等，因此，不是所有文章，都能拿来作为阅读材料的。

总之，分析试卷的语言材料，可以看出命题者的价值取向及心胸眼界。

4. 抽样分析

选取一定数量的样本，逐题进行数据统计，进行分析。可以对试卷的难度、信度、区分度等进行评析。

5. 分析试卷和教学的关联。

分析试卷和平时的教学内容有无关联，对教学会产生哪些影响。

6. 细节分析。

如：对某个具体的题干表述进行分析，对某个考点进行具体分析等。

7. 提出自己的评价意见。

在上述分析的基础上，提出自己的看法。

五、关于试题的思考

关于考试，要说的话题还有很多。单从试卷来看，有些问题值得命题者深思。

1. 有多少考点在不断地重复？

比如对字词的考查吧。从小学开始直到高考结束，每次考试都要考查字音、字形、字义，我不知道也想不通，这其中的玄机究竟在哪里。按理说，字词教学该是小学的事情，为什么高考还念念不忘？假如，数学学科在高考中把加减乘除作为考试内容，那一定觉得荒唐可笑，怎么到了语文学科，就是另一番景象呢？

常用字2 500个，次常用字1 000个，合在一起3 500个，这3 500个字值得我们孜孜不倦地一直考查下去吗？

此外，还有病句、标点等。

按理说，不同学段的学习内容是不同的，可反映在语文试卷上的考点为什么有那么多的雷同？

语文学科真的就这么特殊吗？还有没有其他原因呢？

2. 是考查写作能力，还是考查阅读能力？

作文，一直饱受诟病。为此，命题者也付出了很多心血。单是看试题形式的变化，就知道其中的甘苦：命题作文、半命题作文、材料作文、看图作文、改写、扩写、话题作文……

但我以为，我们一直没有解决好一个问题：作文，究竟要考什么？换言之，是考查写作能力，还是考阅读能力？

事实上，我们一直都在纠缠。在动笔之前的"审题"，往往是作文成败的关键所在。而"审题"本身，与写作能力无关。审题，主要考查对作文题（包括材料、图片、表格等）的理解、分析、判断，其实是考查阅读能力。

真正的写作，是这样的吗？我们一直倡导"以我手写我心"，可是，一

109

旦考试便变了样。

有没有好的办法，能够真正考出学生的写作能力呢？好像还没有。

3. 试题，应该设立哪些禁区？

在命制试题的时候，有一些内容是不能涉及的，我把这些不能涉及的内容称为"禁区"。如：不符合主流精神的时事话题、不健康的媚俗话题、容易引起争议的宗教话题等等。

还有些具体而微的内容，也是命题者自觉列入"禁区"的。如：

早恋问题：什么是早恋？对异性倾慕就是早恋吗？多大年龄谈恋爱才不是早恋？早恋就一定是不健康的吗？

教育问题：学生能不能质疑教师？能不能质疑高考？能不能批评教育制度？能不能发泄不满的情绪？

价值取向问题：是否能多元化？是否能兼容并蓄？创新就不好吗？

类似的禁区，还有很多。常识的禁区，如"知识性、科学性"等，还不在此列。

在人为制造"禁区"之后，我们还在"答案"上，给出"参考"——"人生如梦"，一定是消极的、不思进取的；"精神胜利法"，一定是畸形的、变态的；封建的官场，一定是反动的、黑暗的……

为什么主观题的答案，很世故、很圆滑？为什么学生的作文假、大、空？

面对这些问题，一线教师应该思考，命题人员也该承担起应有的责任！

结　语

假如没有考试，那会怎么样？

这对"减负"来说，或许是个福音。可是，对于"公平、公正"而言，那将是巨大的伤害。

取消考试，是个伪命题。怎样考试，才是核心问题。

一线教师，在教学、命题、考试中最有发言权。可是，因为种种原因，真正能够命题的人不是很多，真正研究试题的就更少。

　　对于试题，批评意见太多，而建设性的意见却很少。因为这样，我们才要经历整个"考试"过程。也只有经历整个"考试"过程，才能看清考试的真正面目。

和学生一道前行

——做一个既动口也动手的老师

引　言

"是故弟子不必如师，师不必贤于弟子。闻道有先后，术业有专攻……"教师和学生本来就是为了一个共同的目标：在德智体美劳诸多方面的修业的精进而走到一起来的，因此，老师和学生就应该不计短长，一起前行。

放下教师的"架子"，和学生一起修业修德。不做高高在上、习惯于动口的"君子"。

一、和学生一起读书

《义务教育语文课程标准》中这样规定：

> 要重视培养学生广泛的阅读兴趣，扩大阅读面，增加阅读量，提高阅读品位。提倡少做

题，多读书，好读书，读好书，读整本的书。关注学生通过多种媒介的阅读，鼓励学生自主选择优秀的阅读材料。加强对课外阅读的指导，开展各种课外阅读活动，创造展示与交流的机会，营造人人爱读书的良好氛围……

《义务教育语文课程标准》要求学生9年课外阅读总量达到400万字以上，阅读材料包括适合学生阅读的各类图书和报刊。对此提出如下建议：

童话，如安徒生童话、格林童话、叶圣陶《稻草人》、张天翼《宝葫芦的秘密》等。

寓言，如中国古今寓言、《伊索寓言》等。

故事，如成语故事、神话故事、中外历史故事、各民族民间故事等。

诗歌散文作品，如鲁迅《朝花夕拾》、冰心《繁星·春水》、《艾青诗选》、《革命烈士诗抄》、中外童谣、儿童诗歌等。

长篇文学名著，如吴承恩《西游记》、施耐庵《水浒传》、老舍《骆驼祥子》、罗广斌、杨益言《红岩》、笛福《鲁滨逊漂流记》、斯威夫特《格列佛游记》、夏绿蒂·勃朗特《简·爱》、高尔基《童年》、奥斯特洛夫斯基《钢铁是怎样炼成的》等。

教师可根据需要，从中外各类优秀文学作品中选择合适的读物，向学生补充推荐。

科普科幻作品，如儒勒·凡尔纳的系列科幻小说，各类历史、文化读物及传记，以及介绍自然科学与社会科学常识的普及性读物等，可由语文教师和各有关学科教师商议推荐。

《普通高中语文课程标准》中规定：

具有广泛的阅读兴趣，努力扩大阅读视野。学会正确、自主地选择阅读材料，读好书，读整本书，丰富自己的精神世界，提高文化品位。课外自读文学名著（五部以上）及其他读物，总量不少于150万字……

课外读物包括适合高中学生阅读的各类图书和报刊。对此提出如下建议：

文化经典著作，如《论语》《孟子》《庄子》等；

小说，如罗贯中《三国演义》、曹雪芹《红楼梦》、鲁迅《呐喊》、茅盾《子夜》、巴金《家》、沈从文《边城》、塞万提斯《堂·吉诃德》、雨果《巴黎圣母院》、巴尔扎克《欧也妮·葛朗台》、狄更斯《匹克威克外传》、列夫·托尔斯泰《复活》、海明威《老人与海》、莫泊桑短篇小说、契诃夫短篇小说、欧·亨利短篇小说等；

诗歌散文，如郭沫若《女神》、普希金诗、泰戈尔诗、鲁迅杂文、朱自清散文等；

剧本，如王实甫《西厢记》、曹禺《雷雨》、老舍《茶馆》、莎士比亚《哈姆莱特》等；

语言文学理论著作，如吕叔湘《语文常谈》、朱光潜《谈美书简》、爱克曼《歌德谈话录》等；

当代文学作品，建议教师从近年来发表的各类中外优秀作品中选择推荐；

科学与人文方面的各类读物可由语文教师和各有关学科教师商议推荐。

中小学语文课程标准，对学生的阅读量及阅读书目都有明确的规定。可是，师生们执行了吗？中小学生的阅读现状究竟怎样？

带着这些问题，我们查阅了很多资料，也走访了一些老师，得到以下一些结论。

中小学生的课外阅读量，随着年级的上升而下降。也就是说年级越高，课外阅读量越少，高中生很少进行课外阅读。原因是课业负担越来越重，而阅读，对于考试没有明显的帮助。

再想一想，没有其他任何学科在"课程标准"中明确要求要完成这么多的文字阅读量，唯独"语文"有。

再深入想一想：我们的文化靠什么传承？我们的精神家园靠谁去守望？这样一想，阅读的重要性、语文教育的重要性就凸显出来了。

正因为如此，我们应当积极鼓励教师和学生一起读书。

师生一起读书，可以形成阅读的良好氛围，在这个氛围里，能够互相督促，提高阅读效率。

师生一起读书，可以找到共同话语，在这个基础上，可以开读书报告会、读书交流会，形成研究风气。

师生一起读书，可以促进师生一起动笔，写一些读书笔记，留下成长的足迹。

……

对教师而言，重读一些书籍，并不意味着浪费。基本的道理是：重读，也会有新的收获。和学生一起读书，会逼着教师思考更多的问题，对教师自己也是个提高的过程。

原马鞍山二中语文教师夏晴就这样做过，她在和学生一起阅读朱光潜《谈美书简》的过程中，发现了一些有意思的问题。为此，写了一篇题为《文学与美学》的心得，得到郭惠宇的赞赏和推荐，安徽省教科院专门前来录制了在这篇心得基础上设计的读书汇报课，在全省产生了很好的影响。

马鞍山市学科带头人赵杰老师，在和学生一起阅读《论语》的时候，专门研究《论语》中的成语和名句，师生一起动笔，写成了《跟〈论语〉学语言》这样一本书，深得家长和社会的好评。

类似的例子还有很多，读书的好处自不待言。

二、和学生一起游学

《义务教育语文课程标准》及《普通高中语文课程标准》都建议语文教师要开发和利用"课程资源"，且明确告诉我们：

语文课程资源包括课堂教学资源和课外学习资源，例如：教科书、相关配套阅读材料、其他图书、报刊、工具书、教学挂图，电影、电视、广播、网络，报告会、演讲会、辩论会、研讨会、戏剧表演，生产劳动与社会实践场所，图书馆、博物馆、纪念馆、展览馆，布告栏、报廊、各种标牌广告，等等。

自然风光、文化遗产、风俗民情、方言土语，国内外的重要事件，日常生活的话题等也都可以成为语文课程的资源。

读万卷书，行万里路。读书与行路是互补的，一味地读书，那是"读死书"。通过读书，能够获得丰富的学养，如同一个财迷看到了金山银山，但要拥有金山银山，还得走出书本。

行万里路，既是在验证所读的书本知识，又是在换一种方式读书。不同的是，这本书是无字的，它叫自然、社会、风俗、世态……

举个例子吧。这是西梁山中学某老师亲口说的——

有一次，我和班级学生一起去登东梁山。山不高，很快登顶。俯看滚滚江水，眺望对面的东梁山，登时觉得东、西梁山隔江对峙，形同天设的门户，不禁吟起《望天门山》："天门中断楚江开，碧水东流至此回。两岸青山相对出，孤帆一片日边来。"

忽然，就有学生提出疑问了："李白怎么看到了'碧水东流'，这江水不明明是浑浊的吗？"是啊，我们看到的江水，的确浑浊不堪。于是，围绕"碧水"我们就讨论开了。

有人说："唐代的时候，这江水就是碧蓝的。白居易还写'春来江水绿如蓝'呢！"

有人说："这是环境被破坏，造成水土流失，碧水才成了浑水。"

还有人说："唐代人口稀少而现在人口太多，江水不混才怪呢。"

七嘴八舌中，大家讨论起了环境变化的原因，大有世易时移的感慨。大家都深信李白诗中的"碧水"是真的，要不，他怎能将离此山不远的青山作为魂归的地方呢？

面对这样的镜头，你能说西梁山中学的师生不是在"读书"吗？

高中语文课本中，选有《子路、曾皙、冉有、公西华侍坐》一文。文中写道：

子曰："何伤乎？亦各言其志也！"

（曾皙）曰："莫春者，春服既成，冠者五六人，童子六七人，浴乎沂，风乎舞雩，咏而归。"

夫子喟然叹曰："吾与点也。"

读到这样的场景，我们常常被感动着。同时，又想到孔子周游列国，是不是也在实践着"行万里路"呢？

可是，随着应试教育的不断强化。现在的师生们紧紧守着课堂，紧紧地盯着分数，苦苦地奋斗者。更有甚者，打着安全的旗号，把师生全部圈在校园里，实行"半军事化"管理。走出校园都需要校长、班主任签字，即便想走，还能走多远？

我们以为，这种现象的存在，其实是侮辱了教育。

不久前，马鞍山二中周文福老师带着班级学生游学琅琊山，其做法值得借鉴——

首先，争取领导支持。他在游学之前做好了各项准备工作。包括请示报告、游学计划书、游学预案等，因为如此，他得到了相关领导的认可，学校同意了他的游学方案。不妨看看他的"安全预案"吧——

安全预案

1. 召开家长会，征求家长意见，采取自愿原则。发放此次活动的《告家长书》，必须征得家长同意签字后，学生才可参加此次活动。

2. 欢迎家长志愿者参加此次活动。参加活动的家长编入学生小组，负责安全事务。

3. 与家长志愿者一起与旅行社协商。协商内容包括：交通工具、行程、价格、保险、服务项目等。协商好之后，报学校相关部门备案。

4. 请学校领导出面与旅行社协商。要求一切从学生的安全出发，选派出最好的车辆和驾驶员。

5. 活动前，再次召开专题家长会。学生分组，每组确定责任老师、家长和学生安全员。强调安全教育，签订安全责任承诺书。

6. 活动时，开通24小时联系电话。只要遇到需要帮助的事情都可以直接拨打：沈主任：15305558086，周老师：15105555098。

其次，要有游学内容。游学的目的要清楚，要有针对性。为此，他安排了以下内容，见下表：

表1　游学内容及负责人安排

游学内容	负责人
琅琊山简介	第一小组代表
醉翁亭文化	语文课代表
琊山庙会	导游
琅琊景观	导游
欧阳修生平	第二小组代表
文人墨迹	第三小组代表
《醉翁亭记》及其影响	第四小组代表
游学晚会	周文福

最后，要有总结。游学中，师生围绕六个方面的游学内容进行过交流，归来后，都形成了文字，修改后印刷成册，名为《寻梦》。周文福老师为之写序：

此情不待成追忆（代序）

似乎不曾相识，又恍若故人相知。

我缓缓行进着，触摸着它特有的气息。

春枝白，不见云海重沓。秋雨落，月明风露轻轻。

是不是，人间生生世世的尽态妍丽都凝聚在了这里？亦或是，天宫千阙散落在这万千红尘中的明珠一点？

琅琊山，钟灵毓秀之地！

醉翁亭，还在诉说着六一居士的率真豁达；二贤堂，仿佛仍回荡着大宋儒学文化的悠悠俪音。宝宋斋、冯公祠、欧公祠、影香亭、意在亭……这一个个透骨生香的名字，静静矗立在久远的深处，将时光拉回到遥远的过去。

在这样的春意里，我们踏上游学的征途。以青春的心，来观看那些不曾远去的风景；以生花的笔，来书写我们的思考或眷恋。

那一刻，我们神游琅琊山；而现在，此情不待成追忆。于是，我们就有了属于我们的《寻梦》！

为了真正落实《课程标准》的精神，也为了一个教育者的责任，我们应该与学生一起游学，哪怕一个学期或者一个学年只有一次，我们也应该坚持这样做。

好的消息就是：越来越多的学校、越来越多的教师，已经"走"出来了！

三、和学生一起写作

作文教学，是中小学语文教学的一个软肋。

表现在高考作文中，写磨难，则拿自己的亲人开刀，让父母离异、遭灾；论反抗，终究是屈原沉江、李白不事权贵、窦娥刑场发愿；说旷达，绕不开苏轼"一蓑烟雨任平生"。普遍的问题是：语言上以华美掩饰贫乏无味，内容上以唱高调来掩饰内心的空虚，情感上以做作来掩饰无病呻吟。脱离实际，把作文看作文字游戏。

追究这种现象的根源，与高考作文评分标准有关，与市面上大量的《作文宝典》有关，但最重要的，还是平时的"作文教学"出了问题。

校正的办法有很多，"和学生一起写作"就是一种很好的做法。

刘国正先生说："你要教会学生写文章，自己要先乐于和善于写文章，教起来才能左右逢源。犹如游泳教员自己要专于游泳，钢琴教师自己要精于弹琴，道理是很简单的。"他还说："但看我们的老一辈语文教育家，无一不是文章能手，他们的教学艺术和文章艺术是相辅相成，水乳交融的。如果在不久的将来，从我们语文教师的队伍中涌现出一大批文章能手，很值得我们为此开一个庆祝会，因为这正是提高作文教学质量，乃至提高整个语文教学质量的一项基本建设。"刘国正先生呼吁教师写好"下水作文"，看似要求高了一些，实则是一种科学的建议，是一个起码的要求。

教师和学生一起写作，有以下好处：

（1）有利于平等观念的确立。传统的作文教学方法是：老师出题，学生写作。现在，有了共同的"作业"，有了共同的思考。教师不再高高在上，只管动嘴不动手了。师生之间通过同题作文相互理解更深，情感上也更融洽。

（2）有利于评讲。师生作文可以进行比较，可以畅谈写作体会，可以分享成功的快乐与不足的教训。

（3）有利于师生共同提高。教师下水作文，可以给学生示范；学生的作文，也可以促进教师思考。教学相长，师生互利。

我还以为，教师下水作文，应该强调：与学生"一起"，即应该与学生写一样的题目、用同样的时间、满足同样的写作要求——不得宿构、不得抄袭、不少于800字等等。

圣陶先生说："语文老师教学生作文，要是老师经常动动笔，或是作跟学生相同的题目，或者另外写些什么，就能更有效地帮助学生，加快学生的进步。"遗憾的是，马鞍山市，乃至更大范围来看，我们很多教师还停留在"君子动口不动手"的阶段。

于是，我们就有了这样一个梦想：为安徽省语文教师找到一块写作园地，让老师们自由耕耘。

四、和学生一起背诵

《全日制义务教育语文课程标准》在附录中"要求学生背诵古今优秀诗文，包括中国古代、现当代和外国优秀诗文"，且具体推荐了古诗文135篇（段）：其中1~6年级75篇；7~9年级60篇。不包括现当代诗文。

《普通高中语文课程标准》在附录中也推荐了古诗文背诵的具体篇（段），如下：

> 先秦散文，如荀子《劝学》、庄子《逍遥游》等；唐宋散文，如韩愈《师说》、杜牧《阿房宫赋》、苏轼《赤壁赋》等；《诗经》，如《氓》等；楚辞，如《离骚》等；唐诗，如李白《蜀道难》、杜甫《登高》、白居易《琵琶行》、李商隐《锦瑟》等；唐宋词，如李煜《虞美人》（春花秋月何时了）、苏轼《念奴娇》（大江东去）、辛弃疾《永遇乐》（千古江山）等。

且特别注明："白话诗文，由教科书编者和任课教师推荐。"

《2015年安徽省初中毕业学业考试纲要》中，列出了50篇（段）古诗文作为背诵考查的范畴，且规定了分值为10分。

2015年全国高考语文（新课标卷）"考试说明"中规定了背诵篇目为64篇，分值为6分。

我们以为：背诵是课标的要求，是考试的要求，更是学习语文的一条捷径。

人们普遍认为，背诵能够增强记忆力，这样的认识还是肤浅的。清代唐彪在其《读书作文谱》中说："文章读之极熟则与我为化，不知是人之文，我之文也。作文时吾意所欲言，无不随吾所欲，应笔而出，如泉之涌，滔滔不竭。"这说明，背诵诗文的好处在于熟记之后，那些内容渐渐地与背诵者融为一体，化作能力和智慧了。正因为如此，香港大学教授陈耀南博士在《谈背诵》中说："背书，就如练字、练拳、练舞，熟能生巧，巧必由烂熟而出。好文章背诵得多，灵巧的修辞、畅达的造句、铿锵的声韵、周密的谋篇，口诵心维，不知不觉，变成自己能力的一部分。"

背诵的好处，师生都是知道的。可是，在大规模考试（如中考、高考、毕业会考）中，古诗文默写这一项能够拿满分的考生，也就在60%左右。这说明，背诵教学还要加强。如何加强？"和学生一起背诵"的办法值得一试。原因是：

（1）教师的背诵，具有示范性。这种示范作用，可以给学生注入动力，能帮助学生克服畏难情绪。

（2）师生一起背诵，可以互相激励，提高背诵的效率。虽然，老师可能是"温故"，但要一字不差，还是要下点工夫。

（3）师生一起背诵，有助于互相触动，找到适合自己的高效记忆方法。

因为上述原因，我们以为"和学生一起背诵"是一种积极有效的教学方法。

"和学生一起背书"在具体实践过程中，可以采用多种形式。比如：学习新课文，在规定时间内背诵；温习老课文，看谁背得多；对照课程标准的篇目，看谁背得准……

一位年轻教师，在教学新课带头背诵之后，受到学生的热捧，他在课后反思中写道："没想到，带头背诵之后收获到的竟然是惊叹、崇拜。所谓亲其师，信其道，第二天学生全都能背了。从此以后，我将和学生一起背书。我意识到，背诵不是机械记忆的代名词，它也可以让人奋进、快乐、享受。"

语文老师，应该和学生一起背书。

结 语

如果一定要说教师是"蜡烛"的话，那么，我们希望：这蜡烛在燃烧自己照亮别人的同时，也照亮自己。随着学生的不断进步，教师也在不断进步，这不是很好的事情吗？

教学相长，老师和学生本来就应该一道前行！

和学生一道前行

——做一个既动口也动手的老师

独木不成林

—— 个人、团队及专业发展

引　言

　　教师工作具有"专业性"的特点，因此，我们通常以为，教师独立有利于教师的教学。"我的地盘我做主"，许多一线教师也这样说、这样做。自主备课、自主上课、自主安排活动等，似乎都是个人的事情。可是，这是不是意味着教师就应该单打独斗呢？

　　答案是不言而喻的。教师需要个人奋斗，更需要依托团队来发展自己。

一、语文教师不该"相轻"

　　语文教师，算得上是"文人"吧。"文人相轻，自古而然"，今天是否改观了呢？看看今天的语文教坛吧，最常见的现象有——

1. 过于追求"独树一帜"

这是一个教授级教师、特级教师层出不穷的时代。而每一位"名师"要想成就更大的名声，就必须要有属于自己的教学理念、教学法，于是，一面面的"旗帜"飘扬起来了。自说自话，自我肯定，各逞己长！我读了几十本"名师讲语文"，最终读出了以上的结论。

2. "成果"束之高阁

这是一个"教科研成果"高产的时代。几乎每个学校都有研究课题，每个课题都拥有自己的研究"成果"，每个"成果"都有推广价值……

实际上，许多的课题都在重复，更多的课题在结题之后便无人问津。

3. 为了标新立异而怀疑和否定

不迷信、不盲从的品质是应该肯定的。可是，怀疑一切呢？譬如，质疑叶圣陶，进而大胆提出"只有绕过叶圣陶，语文教学才有希望"的观点；又比如，质疑鲁迅，进而大胆提出"鲁迅的文章刻薄寡情，不适合中学生阅读"的观点。我们认为：这样的怀疑和否定，没有也罢。

4. "指鹿为马"的创新

教学创新，值得鼓励。可是，指鹿为马能说是创新吗？比如课堂教学吧，语文教学不同于语文活动，将产品推销会、主持人大赛、戏曲表演看成教学创新，怎么看也有些荒唐啊。

诸如此类的现象，还有很多。在这些现象中，看不到对前人的赞许、对同行的肯定，看到的只是"我的"存在、与众不同的"自我"。

如果再将目光集中在某些学校，互不买账的例子当会更多。

说到这里，我们不妨反思一下：我有"文人相轻"的毛病吗？我能不能改变一下自己，换个角度来赏识同行呢？

只知道"赏识"教育还是不够的，我们要把"赏识"发扬光大，推及同事。语文教师不应该"相轻"，应该互相"抬轿"！

二、团队意识

我们观察到了这样的现象：有一些教师在拿到"高级职称"之后，便觉得功成名就，对教研活动渐渐地失去了热情，更不要说参加课题研究或论文大赛了。原因是多方面的，其中一条"备课、上课、改作业"是教师的"正事"。其他的，少来。

但我们想，"备课、上课、改作业"只是教师工作的一般流程，它不是教师专业技术的内容，更不是教师职业的根本。假如"备课、上课、改作业"是"正事"的话，那么，围绕教学进行的各种活动算不算"正事"呢？

这样一想，便觉得，有些教师太"自我"，团队意识缺乏。别看有些教师加入了一些团队，可在他们看来，加入备课组并非出于自愿，那是学校的安排；加入课题组，是出于对课题负责人的尊重；加入辅导组，是因为工作量的需要。

管理学家斯蒂芬·P·罗宾斯认为：团队就是由两个或者两个以上的相互作用、相互依赖的个体，为了特定目标而按照一定规则结合在一起的组织。假如，进入团队不是出于自觉，而是迫于各种原因的话，即便是进入了某个团队，也是身在曹营心在汉。

教育的根本，是要教书育人。为了教好书，就应该不断地提升自己的专业水平，而提升专业水平又不是闭门造车能够完成的，借助团队的力量就不失为一种好的办法。

为了育好人，更应该讲求"协作"。现代学校虽然实行分科教学，但育人的方向却是一致的。学科与学科之间需要协作，学科内部也需要协作，而协作就需要建设团队。

学校是一个集体（也可以打造成一个大的团队），这里面存在着各种各样的语文团队。如：

备课组——因为同样的教学内容而需要一起备课的团队。

教研组——因为教学同样的学科而需要一起研究的团队。

课题组——因为对同样的问题感兴趣而进行合作研究的团队。

课外辅导组——因为工作需要，由有着同样的专长的教师组成的研究团队。

名师工作室——由语文名师领衔，吸纳有共同追求的教师而组成的研究团队。

……

请想一想：在团队中，"我"的角色是什么？"我"应该做些什么？

三、集体备课

集体备课是备课组最为常见的活动方式。

集体备课的内容十分丰富：备进度、备教材、备学情、备教案……集体备课的形式也很多，通常是一人主备（主讲），其他人讨论、修正、补充。集体备课的成果是共享的。

集体备课的好处，不用多说。我想说的是：在集体备课中，"我"有哪些贡献？

在同一备课组中，教师之间是存在着差异的。如：年龄差异、教龄差异、学历差异、学识差异等等。因为这些差异的存在，所以，在集体备课中，每个成员分担的任务也会不同。

一般来讲，相对成熟的教师，在处理教材时也会相对成熟，他们是备课组中的中坚力量。他们可以分担具体的备课任务，在讨论时，他们的意见容易被采纳。

年龄偏大的教师，他们的教学经验十分丰富，他们看问题可能更为深刻，在教材处理上可能更为老道，在学情把握上可能更加符合实际。但他们在实际操作上不如年轻教师来得快，因此，涉及文字处理、计算机操作等方面，一般不需要他们亲自动手。

年轻教师常常抱着恭敬的态度，认真听、认真记，把自己当成了这个团队中的"书记员"。其实，他们能做的事情很多。如：

资料的查询与整理——语文教学的每一个文本，都是一个"独立王国"，涉及的资料很多。对文本的解读、对背景的研究、对细节的琢磨、对教学思路的设计等，都能查到很多相关资料。查阅与整理这些资料，其实是借用别人的智慧充实自己，这对备课有极大的帮助。

研讨前后的细节工作——每次研讨之前，都需要一些准备。预备茶水、备好多媒体、整理研讨内容等，这些看似简单的事情，其实也很重要。

在集体备课中，最应当提倡的是各显神通，最不应该的是袖手旁观。

在集体备课之后，能够达成许多共识。就某一篇课文而言，能够形成统一的教案。

但我们依然不认为，这份教案适用于每个教师。理由如下：

每个教师的教学个性是不同的，面对的学情也不完全相同，教学中还有新"生成"的问题。教学过程是动态的过程，动态的过程最怕固化与僵化。

所以，我们倡导"二次备课"。二次备课主要是教师个体针对集体备课教案进行补充、调整、修正等，使之成为上课时使用的教案。二次备课与集体备课不同，如果说集体备课主要是"求同"的话，二次备课更多的是"求异"，强调的是因材施教。

集体备课，让每个教师汲取、分享教学智慧；二次备课，让每个教师发展教学个性。二者得兼，不亦乐乎！

四、借得东风好扬帆

"东风不与周郎便，铜雀春深锁二乔"，倘没有"东风"，三国的历史也会改写的。

教师专业成长过程中，有没有"东风"？遇到一位好的导师、遇到一个团结向上的集体等，这些都是教师专业成长中的"东风"！

这里专门讨论教师专业成长中所需要的"东风"——环境或条件，也就是通常所说的"平台"。一般来讲，教师成长的平台主要有：

第一个平台是学校搭建的，具体地说，是学校的备课组、教研组。借助这个平台，可以成长为校级优秀教师。

第二个平台，是由区县教育局搭建的，具体地说，是区县的教研部门。借助这个平台，可以成长为区县级优秀教师。

第三个平台，是由市教育局搭建的，具体地说，是市教研部门。借助这个平台，可以成长为市级优秀教师。很多教师，止步于这个平台。

第四个平台，是由省教育厅搭建的，具体地说，是由省教科院（教研室）搭建的。借助这个平台，可以成长为省级优秀教师，乃至全国知名教师。

第五个平台，是由全国"中语会"搭建的，具体地说，是媒体及不同级别的中语会。借助这个平台，可以在全国语文界走红。

大多数教师勤勤恳恳，踏踏实实地在一线教书，他们也得到了学生、家长、学校的认可。可是，他们没有走得更远，他们的平台局限在"学校"层面了。

也有一些教师，脚踏实地一步步走来，他们借助学校平台走到县区平台、走到市级平台……譬如赛课，基本就是这样走过来的。

少数教师还会"跳跃式"发展。他们或瞄准着媒体平台，以文章吸引媒体注意；或倚重名师，借着他们的声望与推荐而走向更高的平台。

撇开走上平台的手段和方式不谈，我们能看到一个事实：教师的成长，的确需要一些平台，仅仅依靠自身的发展，很难成长为"名师"。

借得东风好扬帆，个人力量毕竟有限，在专业成长的路上，还要借重团体的力量。

五、功夫在诗外

"汝果欲学诗，功夫在诗外"，学诗如此，教师的专业成长也是如此。从这个意义上讲，教师的专业成长，其实也是"人品"的成长。一个不注重德行修养的教师，也很难被同行认可。

在工作中，有一些细节值得关注。

1. 监考。在学校，监考是习以为常的事情。可是，在大型考试（如中考、高考等）中，教师不愿意监考的情况屡屡发生，有些学校不得不动用"纪律"来约束。导致这种情况出现的直接原因是：大型考试对监考人员的要求高，监考人员的责任大、报酬少，可是，这里面是不是也隐含着不愿承担责任、不愿意奉献的因素呢？类似情况，也发生在高考阅卷教师的抽调上。

2. 公益活动。学校组织或参与公益活动也是习以为常的事情，如献血、植树、捐款等，最为常见的要数整理环境、打扫卫生了。每次公益活动，都需要学校加以动员，甚至，还要物质奖励。怎么想，都觉得不正常。

3. 开会。在学校，会议也多。备课组会议、教研组会议、班主任会议、年级部会议……每次开会，总有人请假。会议固然要精简，但必要的会议怎能不参加？

细节还有很多，不再列举。

在细节中，最能看出一个人的品行。一味地把"我"看得很大，最终，别人会把你看得很小。且一旦把你看"小"了，个人成长的空间就狭窄了，工作的环境也会恶劣起来，专业发展就困难了。

学品和人品，个人和团体，不是对立的，而是互相促进的。

结　语

儒学的核心是"仁"。"仁"是由"二人"构成的，其实是讲求人与人之间的和谐共处。和谐的人际关系，在工作中十分重要，对自身的专业发展也十分重要。

语文教师当然要有个性，但是，决不能为发展个性而不顾及他人。踩着别人登高、把团体当作跳板，最终损害的还是自己。

独木难成林，独木也很难成长。融入集体，维护团队，或许，就有了脱颖而出的机会！

一"网"情深

——直面"互联网+"背景下的语文教研

引　言

2014 年 11 月，李克强出席首届世界互联网大会时指出，互联网是大众创业、万众创新的新工具。

2015 年 3 月 5 日上午十二届全国人大三次会议上，李克强总理在政府工作报告中首次提出"互联网+"行动计划。

"互联网+"就是"互联网+各个传统行业"，但这并不是简单的两者相加，而是利用信息通信技术以及互联网平台，让互联网与传统行业进行深度融合，创造新的发展生态。

作为教研人员，在"互联网+"的背景下，如何开展教研活动？

一、互联网+各种平台=合作新常态

常规的教研队伍是实实在在的团队，如：学校的备课组、教研组，县区的教研室，省市的教科院（或教科所、进修学院）等，莫不如此。

当互联网连结世界之后，教研人员和队伍就不再那么固定了。每个人都有权力选择自己的团队，每个人都能组织自己的团队。我们需要在互联网中安个家，我们每个人都可以通过以下手段来安家、来招兵买马——

1. QQ群。借助腾讯QQ，构建起互相联系的QQ群。

我们可以为吸引同伴参与而建群，也可以因为工作需要而建群。比如，我们构建的QQ群有：马鞍山高中语文教师群、安徽省语文教研员群、安徽省中学语文名师群等。

2. 微信群。借助微信软件，构建起互相联系的微信群。其功能，与QQ群基本相同。

3. 建立博客。借助各大网站，建立个人或群体的博客，互相砥砺。如"钢城语博客"，就是专门为马鞍山高中语文教师教研而建立的。该博客在"新浪"安家，专门发表马鞍山高中语文教师的公开课教案、获奖论文、教研心得，以供同行们学习、交流。

4. 建立个人空间。可以借助各大网站，建立个人空间；也可以借助专门的机构平台，建立自己的教研空间。如"安徽省基础教育资源应用平台"，该平台面向全省所有教师、学生开放，每位师生都可以建立自己的空间。

......

随着互联网技术不断进步，能够运用的平台将会越来越多。教研需要人的参与，人与人之间需要联系、交流。从个人角度来讲，积极加入某些群体，构建各自的平台，将是互联网时代必须要做的事情。

借助互联网，构建一个个平台，通过平台，形成合作的团队，这将改变我们过去的合作方式，也将成为网络世界里的合作新常态。

二、互联网+备课=电子资料包

传统的备课，主要参考资料是《教师教学用书》，主要的合作方式是备课组（教研组）讨论，主要的呈现方式是手写教案。

"互联网+备课"，又是怎样的呢？

首先，参考资料的变化。借助互联网，可以用来备课的资料有：网站资料、报刊资料索引、论坛及其他分享平台资料……你想要的资料，基本都有。

其次，合作方式的变化。它早已突破时空、甚至交流对象（人）的限制，这种合作可以是定向某个人的，也可以与多个同伴合作，甚至，可以接受陌生人的建议和帮助……

第三，新颖的呈现方式——电子资料包。在这个电子资料包中，有文字、图画、音像的各种资料，其中包括教案（自己的、下载的）、多媒体幻灯片（自己的、下载的）、诵读资料、影视资料、相关论文……

由此可见，"互联网+备课"彻底改变了传统的备课方式。

写到这儿，我忽然想到了一件真实的事情。

2014年，我参加马鞍山市中学高级职称的评审工作，还担任了语文学科评审组组长。在看材料过程中，我发现，还有半数以上的教师提供的是手写教案。究其原因：除了个别乡村老教师不太会使用计算机之外，还有一些领导特别强调"手写"教案，认为"手写"教案才能体现教师的认真与刻苦……每每耳闻目睹这样的事情，我们都感觉到一些悲凉。

三、互联网+上课=教学创新

传统课堂受到时间、空间的制约。受时间限制，一节课时间大约是40分钟，为了更好地保证学生的学习效率，学校要制定科学的作息时间，这个作息时间，人人都要遵守；受空间限制，上课的地点、人数都有严格规定，否则就会乱套。

"互联网+上课"，和传统课堂相比，有哪些不一样呢？

首先，时间界限打破了。没有铃声的限制，没有人规定你，一节课必须是40分钟，当然也没有人规定你，你这节课必须在上午上完，实际上，如果你愿意，你完全可以在夜深人静的时候"上课"（录像）。一节课，你也可以分几次上完。于是，就有了视频公开课，就有了慕课，有了翻转课堂……

其次，空间限制也打破了。你可以不必去教室，你可以在自己的书房里上课、听课。

再次，可以选择教师，甚至名师。

老师可以借助互联网教学，学生可以借助互联网学习，师生借助互联网互动，消弭了时间空间的阻隔，变化出多种多样的教学方式。只有你想不到，没有它做不到！

每个人的学习目的是不一样的，每个人都有自己学习的菜单。想要满足每个人的学习需求，只有互联网能够做到。网络里面的世界太精彩了，天文地理人情世故，无奇不有，无所不包。它提供了各种学习内容、它不受时空限制、它能让个人自由选择……

如：我想学习《道德经》。我理想的学习方式是听名家讲课、不去课堂、想听就听想停就停、免费学习不想花钱……

看似不可能的事情，我做到了：我在网上下载了台湾师范大学曾仕强的讲座视频《〈道德经〉的奥秘》，一共十七集，之后，我利用业余时间全部看完了。

看看各大网站推出的视频"精品课"，就会明白：互联网已经改变了传统课堂。

四、互联网+听、评课=听、评课进行时

传统教研方式中，"听课与评课"最具代表性。

一纸通知，聚结起学科教师，听一节或几节有准备的课，然后，请上课教师说说备课和上课的经过、感受等，接着，再请其他听课教师发表意见，最后，请领导或专家指点迷津、发些高见或看法……这是习以为常的"听课与评课"的套路。

互联网加入听、评课以后，会怎样呢？

1. 通知，可以是纸质的，但也可以不需要纸质的。可以通过各种方式通知：pdf文件、QQ通知、微信通知、电子邮件等。

2. 听课，可以直接进课堂，也可以不进教学现场。可以观看现场直播、可以观看录像等。

3. 评课，可以是现场的，直接在现场聆听上课教师、评课教师及专家的发言，自己参与互动。也可以将评课环节从现场转移到网络上，让更多的人发表意见，也让评课教师有更多的时间思考和议论。

举一个实例吧。2015年12月24日下午，马鞍山市高中语文教研活动在马鞍山二中进行。事先，活动的通知已经贴在QQ群中，又因为进行了较为充分的宣传，所以，那天来参与活动的教师特别多。老师们拥挤在报告厅里听完了二中两位特级教师郭惠宇、盛庆丰的课堂教学之后，意犹未尽，既想要拷贝两位教师的课件，又想要表达听课之后的感受。活动组织者是无法满足所有听课者的要求的，在选择教师代表点评之后，便做出如下的安排：课件及教案发布在QQ群的"群文件"里，供老师们自行下载；两位老师的教学简案发布在博客里，供老师们学习、讨论，也方便老师们在后面跟帖，发表听课心得、建议等。一个月后，我看到的数据是：课件及教案下载103次，发表跟帖52次。

可以这样说，互联网为传统听、评课插上了翅膀，在开放的时间、空间里，任由开课教师、听课教师，甚至是受教的学生，自由驰骋！

"互联网+听、评课"会有怎样的结果？一位老师说：互联网让听、评课不再受制于时间和地点，想参与就参与了，这在英语中叫"现在进行时"，语法上要加"ing"。于是，我得到这样的公式：互联网+听、评课=听、评课进行时。

结 语

　　一座新房子，假如不装潢、不打扫、不住人，那么，这座房子慢慢就会无人问津、门可罗雀。我们构建的各种平台，也和新房子一样，需要我们用心经营，需要汗水浇灌。

　　举个例子吧。

　　我们在"安徽省基础教育资源应用平台"中有自己的"个人空间"，其实，只要是我省市级以上的教研员，管理员都为之建立了"个人空间"。我们经常去"个人空间"，或上传资料（已经上传了必修教材的全部教案）、或下载资源、或发表日志动态，慢慢地，我们的"个人空间"里就有了许多访客，空间里逐渐就热闹起来了。

　　这就是用心经营的结果。如若不然，门庭冷落也是必然。

　　互联网给教育带了巨大变化。北京四中校长刘长铭认为：互联网给教育带来了八大变化。

　　变化一：突破了学习的时空界限，时时为学习之时，处处为学习之所，实现了任何人、任何时间、任何地方、学习任何知识的状态。

　　变化二：学生不再是"一张白纸"，淡化了学习者和施教者之间的界限，教育者首先是学习者，不再是知识和权威的化身。

　　变化三：最大限度地满足个性化学习的要求，真正实现因材施教、因材导学，从而形成基于个人兴趣和主动需求的高效的学习方式。

　　变化四：网络使学习者获得来自不同背景的信息，学习者需要对信息进行筛选、评估、分析、整合，这是对于学生提出的新的能力要求。

　　变化五：超文本阅读所体现的非线性学习方式和过程，更加符合人的思维特征，这是与书本完全不同的知识体系，将极大提高学习效率。

　　变化六：丰富的、碎片化的信息以及快捷的检索方式有利于"专题探究式学习"，实现基于个人兴趣的"精准学习"，任何学习者都可以快速成为"专家型人才"。

变化七：多维度的参与式、协作式、讨论式以及多学科综合探究式学习，将极大地激发学习者的兴趣与动力，培养学习者的协作精神和创新精神。

变化八：虚拟的学习与交往社区、无边界的多维交互使参与者共同构建新的网络社会文化，QQ、博客、微博、微信等为更多的人提供发展和表达的机会，世界变得更小、更平、更多元、更多极，权威被弱化，人类的智慧会更便捷、更全面地实现共享。

"世界那么大，我想去看看"，一封辞职信搅动了互联网。

世界真的很大吗？走进互联网看看，我们和世界的距离，就是一根网线，或者，就差一个"Wi-Fi"了。

但这个距离是无形的，也是无情的。观念不更新，网中不耕耘，它就会是我们无法越过的鸿沟。反之，世界就在网中。

我们坚信，传统教研是有着"传统"的，它的生命力是旺盛的。

我们坚信：传统教研，插上互联网的翅膀，或改造、或创新，一定会"飞"起来！

教学需要"动"起来

——兼论"教学模式"

引 言

在我们身边，持续不断地出现着各种各样的教学模式。尤其是一些以升学率为第一要务的学校，往往都有一套自己的"教学模式"。教师们恨不能通过这些"教学模式"把学生训练成一个个考试的机器，来博取家长的眼球和社会的关注。

我们认为：学生都是有个性的，因材施教才是教学的正道。

教学活动，离不开教师、学生、教材。只有处理好三者的关系，让三者"动"起来，语文课堂才会充满生机与活力。

一、让教材"动"起来

叶圣陶"教材无非是个例子"的观点，早已深入人心。既是"例子"，就不是什么金科玉律，就可以替换，就可以重组，就可以增删，甚至可以自编。换言之，死守教材，就显得迂腐。让教材"动"起来的办法很多，如：

（一）放出眼光，简化教材

教材不是"死"的，一线教师应该有取舍教材的勇气和智慧。我们应该支持这种勇气，褒奖这种智慧。

（1）所有的略读课文，就是要"略读"。以学生自学为主，教师只做必要的"点拨"。为了让一线教师"放心"，我们做出这样的承诺：在市级调研测试或相关的考试中，尽可能不涉及"略读课文"。

（2）"表达交流"中的口语交际部分，要求在课堂教学中贯彻落实，不要求单独讲授和训练。

（3）对"梳理探究"的三个专题，我们提倡教师只选一个专题作为教学示例。其余两个由学生在课外完成。

（4）名著导读，要求教师只导读一部，其余由学生在课外完成。教师在"导"，学生在"读"。读后的交流评价，全部安排在课外。方法不求一律。

通过这样的"简化"，模块内容已经缩减了许多，一线师生似乎也觉得轻松了许多。我们认为，这种"简化"是符合"课程标准"的，也符合编者的意图，更符合教学的实际。

（二）合理腾挪，用活教材

我们认为，教材不是什么"金科玉律"，教材是凝固的，教学却是灵动的。教学中，师生只是借用教材以达成我们的教学目标。为此，我们力主"用活教材"。

用活教材，就是不被教材所困，要利用现有教材的资源，对教材进行"加工"，使教材真正为我所用。我们的具体做法是：

1. 有限整合。我们以为，教材的整体设计是合理的。但就一个单元，或一个板块来说，可能存在着点点滴滴的瑕疵。且学习对象不同（如省市重点中学、一般中学、农村中学的生源是存在差异的），对文本学习的要求也不应完全一致。还有，在教学中，师生也希望能够出点"新"的东西。所以，在大体保持教材原貌的前提下，我们也希望一线教师能够重新审视教材，有限整合教材资源。经过一段时间的摸索，我们认为以下办法是可行的：

（1）从融通着眼，有限整合。我们看到，其他版本的教材，大体依照人文话题组织文本，独有人教版依然按照文体来组织文本。孰优孰劣，莫衷一是，或者，各有长短吧。我们既然选择了人教版教材，就应该依照它的体例来进行教学，但这并不妨碍我们进行一定的尝试。

例如：在高中语文必修一教学中，有教师以"拷问人性"为主题，将第三单元中《小狗包弟》和第四单元中《奥斯维辛没有什么新闻》组合在一起。我们以为，这样的组合也是富有创意的。

我们以为，融通不仅仅限于"人文话题"。主题可以融通，文体可以融通，技法可以融通……于是，我们鼓励一线教师思考并寻找融通点，借以打通文本间的联系，以便进行教学整合。我们以为：只要能紧紧抓住"工具性与人文性的统一"这根红线不放，任何尝试，都是有益的。

有的教师甚至开始尝试打破一篇一篇学习文本的"传统"，以宏观视角来整合教学内容。例如：高中语文必修四第二单元由四篇课文组成：《柳永词两首》[《望海潮》（东南形胜）、《雨霖铃》（寒蝉凄切）]，《苏轼词两首》[《念奴娇·赤壁怀古》、《定风波》（莫听穿林打叶声）]，《辛弃疾词两首》（《水龙吟·登建康赏心亭》《永遇乐·京口北固亭怀古》），《李清照词两首》[《醉花阴》（薄雾浓云愁永昼）、《声声慢》（寻寻觅觅）]。

教师在组织教学时，不再一篇篇地教学，而是分成四个专题：婉约与豪放（宋词流派及特点），泪为谁流（英雄泪与情人泪），选景与造情，炼字与细节。一个专题一节课，一节课可能涉及若干文本。我们依然认为，这种融通还是有它的道理的。

（2）从教学实际需要出发，进行有限整合。教学是受到教学对象、教学内容、教学方法、教学过程、教学时间等诸多因素制约的。以必修一中"表达交流"为例，教材中给了五个专题：

心音共鸣·写触动心灵的人和事、亲近自然·写景要抓住特征、人性光辉·写人要突出个性、黄河九曲·叙事要有点波澜、朗诵。

在五个专题中，朗诵是要整合在教学过程中的，而不是专门开设"朗诵课"来指导学生诵读。学生有兴趣，可以在课外开展活动，以发展特长。对于四个写作专题，也似乎没有必要一一安排课堂教学。且教科书这样拟题，总让教师感觉有点哗众取宠、华而不实，甚至觉得不伦不类。于是，我们做了这样的整合：①叙事和写人的基本方法；②景物描写的基本要素。我们以为，叙事，常常要写人，而写人往往需要叙事；写景，往往与情关联，所谓情景交融。所以，这样的整合虽然直白，但也省去了许多的繁冗重复，利于学生接受，也利于学生写作实践。

2. 有限增删。诚如前文所述，任何教材，总会有点点滴滴的瑕疵。有的瑕疵，是事实存在；有的瑕疵，还不是教材本身的，它也可能源于使用者的"挑剔"。编者，往往是理想主义者，他们似乎在追求尽善尽美；而教学一线的人，更多的是实用主义者，他们关注的是使用方便和有效。这样看来，完美的教材，似乎没有。

在教材使用过程中，我们主张要"活用"，可以适度"增删"。在增删的过程中，我们一般会坚持这样的原则：

增删篇目限于略读课文。比如：在必修二第一单元中，有的教师就删去了《囚绿记》《瓦尔登湖》，而增之以俞平伯《桨声灯影里的秦淮河》。俞平伯的散文自有另一种气象，以深厚的文化积淀而呈现出"贵族"气派，在现代散文中自成一家。所以，我们以为，这样做也没有什么不可以，一线教师应该可以放出眼光，自己来选。在文本增删上，我们只是强调：不要轻易增删基本篇目。

增删内容要符合"课程标准"的要求。比如，在"名著导读"中，我们并不认为教材中推荐的十本名著就是我们必须要推荐给学生的阅读内容。"课程标准"告诉我们："课外自读文学名著（五部以上）及其他读物，总量不少于150万字。"依据"课程标准"，我们只要求学生读五部以上的名著，而不是十部。这五部名著，未必是教材中推荐的，我们可以在"课程标准"的推荐书目中筛选，甚至，还可以再扩大一些范围。因为，还有一些因素制约着"名著导读"：学校现有的藏书、师生的爱好、学生的购买能力等。再比如，在处理《成语：中华文化的微缩景观》时，有的教师就将成语的选取范围圈定在《论语》中，对《论语》中出现的成语进行分类、诠释，最终编成《〈论语〉成语实用手册》。我们认为，这样做，不仅符合"课程标准"的要求，也十分有意义。

二、让学生"动"起来

学生是主体，主体不动的课堂，是很糟糕的课堂。反之，学生主动参与教学的课堂才是有效的课堂。学生参与程度越高，课堂效率也就越高。

学生参与课堂的形式是多种多样的，我们要求——

1. 让学生的双手动起来。

明末清初的思想家、学者、诗人顾炎武，写了许多关于读书的书，如《读书止观录》《耕堂读书记》等，都是"边动笔墨边读书"而结出的累累硕果。

不动笔墨不读书，课堂教学中，学生要养成记笔记的习惯，这是常识。

让学生的双手动起来，还有写作、编辑（如编选作文集），还有办报等。学生自己能做的事情，老师都不要代劳。

2. 让学生的嘴巴动起来。

说话，会说话，是语文学科最基本的能力。课堂教学中，要教给学生说话的方法和技巧，培养他们交际的能力。为此，教师应鼓励学生积极发言，应彻底改变满堂灌、一言堂的教学方式，倡导对话。

说话，还应包括肢体语言。举手投足、一颦一笑，都是思想的表达，无声的语言也许更为有效。

让学生嘴巴动起来，可以从课堂中延伸出来：演讲、辩论、读书报告、讲故事等，都是很好的方法。

3. 让学生的双脚动起来。

长期以来，我们在教室里坐而论道，我们忙着为考试建构知识体系，试想：我们学语文是为了考试和空谈吗？

其实，我们有着"读万卷书行万里路"的传统，我们始终坚信：学语文和"走路"密切相关。

如果，马鞍山市的语文教师能在"陋室"，给学生讲《陋室铭》，在褒禅山讲《游褒禅山记》，宣城市的老师能在敬亭山带学生诵读"相看两不厌，只有敬亭山"，那该是怎样一番的教学景象呢？

其实，最好的老师是自然。自然山水中有各种色彩、各种情怀、各种语言、各种故事……创作文学、抒写性灵、陶冶情志，都需要自然的启迪。

语文老师，应该让学生的双脚动起来，去看山看云，跟随圣贤的脚印，丰富自己的思想。

一学期走一次，如何？实在不行，一学年至少走一次吧！

三、老师自觉"动"起来

在教材、学生、教师这三者之间，我们始终认为：主宰课堂的是老师。钱梦龙说"教师主导"，一语中的。

让教材动起来，让学生动起来，这些做法中隐藏了一个"灵魂"，那就是老师。没有老师的"动"，就不会有教材和学生的"动"。归根结底，课堂教学中"牵一发而动全身"的，是老师。

老师要自觉"动"起来。

首先，是理念要更新。更新的前提是要自觉学习：要学习政策文件，如"课程标准""规划纲要"等；要学习学科内最新成果与技术；要学习同行的先进经验……

其次，在实践上要动起来。光说不练假把式，要知道梨子的滋味必须亲口尝一尝。

如著名特级教师郭惠宇对语文有着自己的理解。他常常说："语文，应该好玩、有用！"观察他的课堂教学，我们发现：他所谓"有用"，是就这门学科的性质（或者说"目的""意义"）而言的。语文，具有工具性，学生听说读写能力的形成，主要依靠语文学科的学习。语文，还有人文性，因为，语言不仅仅是符号，它还承载着思想文化。语文老师，不仅要教语言，更要为学生打点思想文化的底子。这个"有用"，说到底，就是"工具性和人文性相结合"，它与"课程标准"的要求高度一致。他所谓"好玩"，主要是针对学习过程而言的。语文的学习过程，是充满趣味的——其方法不一而足，其途径多种多样，其内容可以增删。

我们以为，这两个词触及了语文的根本。

结　语

师生对教材存在的瑕疵提出改进办法并付诸实施，才能让教材"动"起来；师生对学习主体的认识不断深化，对学习中存在的问题提出改进办法并付诸实施，就需要师生一起动起来。教师动起来了，学生动起来了，教材动起来了，当一切都动起来的时候，课堂里就充满了乐趣、充满了生机，这就是灵动的课堂。

仔细想一想，假如我们奉教材为金科玉律不能改动，视学生为接受容器不断注入，视教师为流水线上的技工不许创造，这样的课堂该是怎样的课堂呢？

不断地"发明"一些模式，把课堂用"模式"固化下来，是教育吗？我们以为："模式"固化下来的课堂，是一种生产线！

教育是灵动的，课堂也应该是灵动的。

也说"徽派语文（中学）"

引 言

2015年10月30日，徽派语文教育联盟成立大会在安徽师范大学隆重召开，标志着"徽派语文教育联盟"正式成立。该联盟的发起单位有：安徽省教育科学研究院、安徽师范大学文学院、安师大附中、蚌埠二中、合肥一中、马鞍山二中、铜陵一中。

可是，上网一查，才知道"徽派语文"的名头早就被小学语文占有了。

这段葫芦案，也用不着审了。本来，"徽派语文"的概念就是需要界定的，站在不同学段，自说自话，未尝不可。所以，我们现在所说的"徽派语文"，其实是在后面加注了"中学"阶段的。

一、"徽派语文（中学）"的界定

"徽派语文（中学）"的概念，是清晰的，也是含混的。

说它清晰，是因为从字面上看有一些信息是清楚的。徽，指安徽，是行政区划，也是地理位置；学段、学科是明确的，就是指中学语文，包括初中、高中；派，主要指派别，有别于其他派系。

说它含混，是因为其中还有一些内容是需要讨论的。如：

1. "徽派语文（中学）"的成员有哪些？

"徽派语文（中学）"这个派别中是有具体的成员在支撑着。哪些人属于"徽派语文（中学）"教师呢？在安徽中学语文教坛上耕耘的教师，自然是"徽派语文"教师。可是，现在已经离开安徽，在其他省市耕耘的中学语文教师，如邓彤、陈军等，能否算作"徽派语文"教师呢？类似的问题：从外地调入安徽的中学语文教师，是不是属于徽派呢？

我们认为：我们自己在说"徽派语文"的时候，应该依托地域。因为，我们不能一厢情愿地认为：凡是在安徽工作、生活过的中学语文教师，都属于"徽派"。事实上，有很多从安徽走出去的"名师"，具有更广阔的视野和胸襟。

2. "徽派语文（中学）"的特点究竟是什么？

譬如说徽菜吧。它是中国八大菜系之一，起源于南宋时期的徽州府（今安徽省黄山市、绩溪县和江西省婺源县一带，府治在今安徽歙县），原是徽州山区的地方风味。它的特点是重油、重色、重火功。

那么，"徽派语文（中学）"呢？除了地域限定之外，它有哪些特别之处？这些特别之处是不是能够让"徽派语文（中学）"能够区别于"海派语文""闽派语文""苏派语文"？我们以为，很难。因为，无论哪派，都会遵循共同的教育规律，共性远大于个性。

因此，我们研究"徽派语文（中学）"，不仅仅着眼于个性，也要关注共性。

3. "徽派语文（中学）"由哪些机构组成？

目前，"徽派语文教育联盟"中的中学只有五所，高校只有一所。这样的数量，远远不够。因此，我们认为，这个"联盟"一定是开放的，大门敞开着，随时都可以接纳新的会员。

这个联盟中，应该有一些核心人物。如：名师、优秀教研员、著名教授……

这个联盟，还应该有一些基本的机构和负责人。如：会长（或者主任）、理事、秘书处……

二、"徽派语文（中学）"的特点

"徽派语文（中学）"，有哪些特点？或者说，我们期待的"徽派语文（中学）"是怎样的？

我们希望"徽派语文（中学）"能够和徽文化一脉相承，能呈现如下特点：

（一）敏锐的眼光

要有清醒的头脑，了解语文学科前沿的研究课题及成果；能够把握发展的势态，让"徽派语文（中学）"始终站在发展的前列；把握政策，不与教育规律背道而驰；勇于开拓，在创新的路上唱新歌。

（二）百折不挠的进取精神

相信"梅花香自苦寒来"，相信付出终有回报，以"徽骆驼"的坚韧与不怕苦难的精神对待语文教育，百折不挠，无怨无悔，积极进取。

（三）互帮互助的合作精神

一个好汉三个帮，一个群体总要有领头雁，要推出我们自己的名师，要爱护我们自己的名师，要推广他们的经验；名师，也要援手年轻教师，为他们提供机会，为他们提供智力支持，帮助他们尽快成长。

后面有人推，前面有人领，"徽派语文（中学）"人互帮互助、一道前行！

（四）积极立言的入世精神

"徽派语文（中学）"，要体现独特的学术价值和地位，就不能缺失学术专著。我们也看到了一些专著，其中以案例集形式出现的较多，学术地位并不高。

我们需要高质量的、能够弄潮语文界的学术著作。这样的著作，需要规划，需要名师潜心付出，需要团体协作，更需要高校的参与。

因此，要使"徽派语文（中学）"落地生根、不断壮大，必须要积极立言。

（五）立足课堂的躬行精神

我们一直坚信：教学的主阵地在课堂，离开了课堂的高堂阔论都是空中楼阁。基于这样的认识，我们倡导："徽派语文（中学）"教师一定要立足课堂，换言之，必须要能上课、会上课。

"徽派语文（中学）"教师，当然要立言，但更要立足课堂，我们坚决反对"述而不作"。马鞍山八中校长汤胜是"70后"，他负责两个校区的全面工作，他已经出了两本专著，他依然教一个班语文。我们希望："徽派语文（中学）"教师在理论与实践上并重，决不离开语文讲台。

三、"徽派语文（中学）"的行动原则

"徽派语文（中学）"在教育教学的研究过程中，应该遵守哪些原则呢？

首先，应该继承、传承。我们可以追溯到老子，但我们更应该关注对

当代语文教育产生影响的先生。远一点的如陶行知，再近点的如蔡澄清，眼下的如郭惠宇等。我们应该研究他们在语文教育教学中积累的经验和智慧，借用他们的经验和智慧指导我们的教育教学。

其次，应该开放、吸纳。"徽派语文（中学）"是独立的，根植于安徽大地的，但是，它不是封闭的，它是开放的。因为开放，它不拒绝外来的人、物、事、思想；因为吸纳，它还应该有拿来主义的眼光与手段。人在安徽，心系天下，但凡有先进的教育教学理念、技术、成果等，我们都应该接触、学习，我们都要"拿来"，为我所用。

再次，应该创新。"徽派语文（中学）"，要形成自己的特点或者风格，就必须创新。创新，可以走不同的路径。如：吸纳先贤和今人的成果，向前走一步，这一步看起来很小，其实很大，因为这是站在巨人肩膀上迈出的一小步；吸纳当今的技术，向前走一步，如"互联网+语文教育教学"，这看起来是借用互联网技术平台，其实是跟上了信息时代创新的步伐……

四、"徽派语文（中学）"进行时

"徽派语文（中学）联盟"是2015年年底成立的，那么，在联盟未成立之前，"徽派语文"是否存在呢？一想到这个问题，就想到《见与不见》："你见，或者不见我，我就在那里，不悲不喜。"

我们不能说，联盟成立之前，"徽派语文"就不存在；我们只能说，联盟成立之后，我们走向"自觉"了！

"自觉"之后，我们该怎么做？换句话说，"徽派语文（中学）"进行时我们该如何"进行"？

（一）要建立成熟的团队

1. 行政团队。这个团队，主要由省、地市、县区教研员构成，负责联系、沟通、组织等具体工作。

2. 学术团队。这个团队，主要由高校教授、中学特级教师组成，负责学术引领、教师培训、经验总结等具体工作。

3. 后勤团队。这个团队，主要负责策划具体的活动。目前，可以充当这个角色的有："徽派语文（中学）"教育联盟（安徽师范大学）、安徽省中学语文教师专业发展研究中心（安徽省中学语文教研会）、安徽省中学语文课堂教学研究中心（合肥市教育科学研究院）等。随着形势发展和实际需要，也可以重新组建。

（二）要谋事和做事

从省教科院层面来看，我们常做的事情，大体有：论文评选、优质课大赛及各种培训会议。有些事情，我们可以固化。比如：借皖江城市语文论坛，来研究高考和讨论教师专业发展；借安徽师范大学文学院平台，来讨论学术前沿问题；借中学语文课堂教学研究中心，来进行优质课展示（安徽省优质课评比获奖课例展示）。

（三）要有一批研究成果

"徽派语文"，无论中学、小学，最缺的就是"成果"。因此，必须要出成果。

1. 必须加强理论上的研究。对语文课程的研究、对课程标准的研究、对教学方法的研究、对传统语文教学的研究等，目前都很薄弱。至少没有体现出"徽派"特点。

2. 必须加强对名师教育教学的研究。有目的、有组织地针对"徽派"名师进行的研究，似乎没有起步。如："'徽派'名师的教育理念和追求""'徽派'名师课堂教学实录"等课题，都是值得研究的。我们现在能看到的，只是个别名师的少量专著。

3. 必须加强对成果推广的研究。"徽派语文（中学）"教师，做了大量的研究课题，也产生了很好影响。可是，往往是独自为战，课题结束，成果就束之高阁。我们的研究成果，一直在呼呼大睡，唤醒它们，也是我们的责任。

以上所述，并不全面，有一点是肯定的：成果显示是多样性的！

结　语

"徽派语文（中学）"，是撑门面的招牌，还是货真价实、能够叫得响的一块牌子，全看我们怎么做了。

目前，联盟已经成立，牌子已经挂在安徽师范大学文学院了。可是，牌子下面，还看不到东西。事实上，很多广大一线教师还不知道有这样一个"联盟"的存在（联盟单位除外）。目前来看，"徽派语文教育联盟"刚刚成立，有点自娱自乐的味道，大门还没有完全打开，舞台也没有搭好，演员也没有找齐，不知道要唱什么戏呢。

因为不知道，所以，才有一些想法和期盼，甚至，自己也想在这出大戏中做个演员呢。

故写了上述文字，说是建议也罢，说是期盼也罢，总之，希望这个"联盟"发达起来，一片丹心哦。

从教师到教研员
—— 我们和语文的故事

引 言

爸爸做老师，女儿也做老师；爸爸教语文，女儿也教语文；爸爸做教研员，女儿也做起了教研员……这一切是偶然的吗？

看看我们和语文的故事，也许，你会发现，是语文"纠缠"着我们父女，在对语文学科的教学和研究上，我们之所以能够父女相传，全靠语文的魅力。

一、教育教学三十年（俞仁凤）

（一）

那还不是个"拼爹"的时代，服从组织分配是最基本的原则。1981年8月，我被分配到当涂县石桥中学。拿着教育局的介绍信，我就去报到了。

那年，我虚岁二十。

那年，我始为人师。

学校周围，全部是农田。一条石子铺就的马路，从学校围墙边穿过，每天有那么几趟班车经过，而这几趟班车就成了连接外界的纽带。

学校附近，点缀着星星点点的村落。袅袅炊烟十分常见，身处其中，感到呛人，也就看不出能构成什么"风景"了。村边地头，还能看到许许多多的茅厕，雨水丰沛时，污秽横溢，有点煞风景。

学校占地35亩。最南面是单身教师宿舍，有十几间，每间12平方米。紧邻着的是学生宿舍，每间也差不多大，但要住8个学生。

往北，是操场。操场的西边，是食堂。食堂后面有个猪圈，养了几头猪，过年时宰杀了，会餐以后，还要分一点给教职工带回家过年。学校还有农场，教职工还能分到一些粮食。

操场的北面是教室和办公室，最北面又是教师住宿区。但那是套房，只有结婚了，才能有资格去申请。

我的月薪是47.50元，除去吃饭以外，尚能结余30元左右。

这样的月薪，在现在是不可想象的。同样的，现在的我也不可想象昨天的我，就这点微薄的工资，而我居然还想着攒钱。

（二）

我住在单身宿舍里。白天在办公室备课、改作业，晚上独享寂寞。

一边独享寂寞，一边在寂寞中，寻找着排遣寂寞的钥匙。

于是，学会了打牌、喝酒、抽烟、谈恋爱。但不赌。

在浑浑噩噩中，终于发现，这样的生活不适合我，也不是我需要的。

我渴望城市的灯火，我渴望名师的引路，我渴望得英才而教之，我渴望有更高的平台能让我看到更多的风景。

内心的渴望一旦点燃，就会化作动力。我坚信：知识改变命运。在这样的信念下，我为自己安排了作息时间：早晨5点30分起床，锻炼1小时；中午，习字1小时；下午，球类运动1小时；晚上，看书不少于3小时。

几年下来，我的字有了长足进步，也看了许多书，王力先生的《古代汉语》就是这样一个字一个字地啃了下来。身体，也强壮了许多，原来微驼的脊背也挺直起来了。

经过这段时间的积淀以后，我终于有了收获：1993年以第四名的成绩考入安徽教育学院。

但我并没有改变生活现状，我依然在这所学校教书，从1986年开始教高中，一直到1996年。

我常常读到一些扎根农村、献身教育的模范教师的故事，而那时我似乎已经受够了那样的生活。一方面，与我一道分来的教师，陆陆续续地改行了或者调走了，这刺激了我；另一方面，因为地域等多种因素的影响，本地教师排外、狭隘的本性也叫我无法承受，虽然我始终认为他们是善良的，勤奋的。

农村学校，很难留人。不夸张地说，三十年来从石桥中学调走的教师，足足可以重新办一所同样规模的学校了。

现在，出现了所谓的"特聘""特岗"教师，实际上就是要他们去农村学校教书。可见，农村学校确实环境艰苦。

不是教师不高尚，教师也想找阳光。

（三）

第一年教书，就教初三。

原因很简单：教初三的语文教师调走了，我是最合适的顶岗人。

这要在现在，又是不可想象的事情。因为初中教材我还不熟悉，怎能带毕业班？但实际情况就是这样。

一本书，一本教参，伴着我走上讲台。

第一课《白杨礼赞》。

生字词，是可以凭直觉划定的；段落大意、中心思想，教参上写得清清楚楚；课后练习，就在教科书上。在教学内容上，没有多大的发挥空间。

但我依然受到了学生的热烈欢迎，原因是：在讲作家作品时，讲到了作家的身世趣闻，这是他们闻所未闻的；此外，在讲课中，我注重与学生交流。

随着时间的流逝，我的课越来越受欢迎。我的优点似乎也多了起来：能讲普通话，能讲清楚各种语法知识，能认真批改作业，能写下水作文……虽然，在现在看来，这些都是一个老师应有的素质，但在当时，竟然不可多得了。

我很有些飘飘然。有些人自大，是因为看不到外面的世界，我也是其中的一个。直到现在，我依然能在别人身上，看到我当年的影子。但我绝不嘲笑，因为我知道了：造成夜郎自大的原因并不完全来自于自身。

（四）

我们学校，也有教研活动。

那些年还没有"课题研究""校本教研"的概念，所谓教研活动，就是组织教师听一两节课，然后，听课教师坐在一起聊一聊，这叫评课。

上公开课的人选，是轮流的。

评课，是有顺序的。领导讲一讲，老教师讲一讲，其他人附和一下，就结束了。

评课，也是有分寸的。对年轻教师，可以多提希望；对老教师，要多多表扬。

教研活动没有主题，没有目的。直到现在，许多学校依然沿袭着这样的套路。

我最怕的不是上公开课。现在有许多年轻教师怕上公开课，我觉得没有道理也没有必要，至少，上公开课可以练出胆量吧。

我怕的是评课。因为，听完评课以后，我不知道我该怎么做了。

有一次轮到我上公开课了，课后评论如下：

1. 有一个字音读错了。这个字应当是前鼻音，你读了后鼻音。（我承认，直到现在，我依然不能准确区分前后鼻音。）

2. 教态过于随意，不够严肃，长此下去，教师会失去威信，学生不怕你。

3. 教科书上的课后练习，不能随意改动。你让学生写读后感，是教科书中没有的。

4. 多听听老教师的课，学学他们的经验。

以现在的眼光来评价这份课后评论，也许要发笑。但在当时，你就得认真听，认真记，还要认真消化。

环境影响着人，我确信："与善人居，如入芝兰之室，久而不闻其香，即与之化矣。与不善人居，如入鲍鱼之肆，久而不闻其臭，亦与之化矣。"

从石桥中学走出来的教师，成为学校领导和名师的很多。然而，现在已发展为省级示范高中的石桥中学的教师队伍中依然没有一个叫得响的市级"名师"。

（五）

工作的第一年，送走一届毕业班。第二年，还是带毕业班。第三年，从初一带起了，同时也任班主任。

当老师的，基本都有当班主任的经历。但我觉得，我第一次做班主任时，特负责，特认真。表现为：

学生报到时，我便暗暗记下了每个人的姓名及特征。到班级后，基本能够叫出学生的名字了。

一个学期以内，我依靠自己的两条腿及自行车，走进了每个学生的家庭。

教室门的钥匙是我自己掌管的，第一个开门的是我，最后一个关门的也是我。

我是农民的儿子，我能体会到农家子弟读书的艰难。我也热爱教育，总认为培养人是件功德无量的事情。所以，我甘愿奉献。

打这以后，班主任的帽子就一直戴着了。

做高中班主任的时候，因为学生住校，我还一直坚持和学生一起早锻炼。每天早晨5点30分，都要到学生宿舍叫起学生，然后一起跑步。这可不是学校的要求，是我和学生养成的习惯。

（六）

起初，除了工资以外，我几乎没有拿过任何补贴。

1985年，有了改变。起因是学校办了补习班。

之前，学校为没有考取理想学校的初三、高三学生考虑，接收了少量的插班生。随着人数越来越多，插班已经解决不了问题了，于是办起了补习班，由学校统一安排教室、教师、课时，学费也由学校统一收取。

因为收费，带补习班课程的教师便有了意见。收钱了，活干了，为什么不给教师发补贴呢？意见多了，学校便要考虑，于是，上补习班课的老师，就有了课时津贴。

起初的课时津贴很少，随着补习学生逐年增多，课时津贴也在不断增加。到我离开石桥中学的时候（1996年），一节课的课时津贴已经是7元了。

不要小看这7元。一个星期6节课，一个月便是24节，便有168元的津贴。而我当时的月薪，也就200多元。

我至少带了10年的补习班，以当时的情况来看，我的收入还是可观的。家庭地位也提高了，幸福指数也跟着上涨。

当教师，很好啊，虽然累点，只要不走出校园，优越感还是有的。

80年代中期，政府机构改革，人员紧缺，想从学校调人，而我们这些从高校出来的年轻人，大多数情愿留在学校而不愿意改行从政。那不是出于清高，实际情况是，当时教师的收入真的略高于"公务员"。当然，那时还不叫公务员，而叫"国家工作人员（干部）"，教师则叫"国家技术人员（干部）"。

走上教育岗位以后，便遇上了教育改革。

依据权威的说法，建国以来我国基础教育历经了八次改革。粉碎"四人帮"之前四次，之后四次。

撇开文件，经历了若干次教改以后，我的体会是：学制改了，高中的两年改成了三年，小学的五年改成了六年；教材改了，原来的32开本改成了16开本；原来的大纲，也改成了《课程标准》；有些学校，改成了"重点"，"重点学校"又改成"示范学校"。课程越来越多，作业越来越多，补课越来越多，学杂费越来越高，书本费越来越高……

也有些似乎没有多大改变。譬如教学法，名词术语虽然越来越多，但课堂教学似乎依旧。

学校领导与教师坚信：升学率才是硬道理。在升学率面前，一切让路。

（八）

普及九年义务教育，是我国教育体制改革的基础环节。1994年，我在学校做教导主任，亲历了那年"普九"工作的整个过程。

先是全乡成立领导小组，组长是乡政府主要领导，副组长是乡政府的教育干事及乡里的中小学校长，组员是学校的教导主任。

然后逐校、逐班登记造册，摸清在籍学生人数，之后，再对照全乡户口登记，算出比例。

不过，"普九"在农村，在我的老家，还有很长的路要走。

（九）

升学率，在我读书的时候没有听说过这个名词；在我教书的时候，渐渐地升温了。

1980年，全县高中大撤并，只留下六所。上高中，一下子变得困难起来。上大学，更是千军万马过独木桥。

初中毕业，一流学生上了中专，部分学生挤上了高中；高中毕业，凤毛麟角的学子上了大学，绝大部分学生继续复读。

人人都想升学。升学率，成了学校的招牌。

有了升学率，可以招到更好的生源，可以吸引更多的资金，可以得到更好的评价，可以改善办学条件……

学校领导理所当然地抓升学率。升学率与奖金挂钩、与职评挂钩、与福利分房挂钩、与评优挂钩，凡是能挂钩的，都挂上了。

教师，在众多"挂钩"的影响下，各展才能。抢时间补课、强压作业变成了常态。这种常态愈演愈烈，高中影响初中，初中影响小学，小学影响幼儿园。

终于，有人呐喊了："不能片面追求升学率"，要"减负"，要反对"应试教育"，要搞"素质教育"！

口号是一个接了一个喊了，理念是一个又一个出来了。书包，依然很沉；作业，依然很多；学生的压力，越来越大。

为了名牌学校，小学、初中、高中，从来就没有消停过。

不要以为，这种压力仅仅是学生承受着；教师，同样承受。家长，也好不到哪儿去。

若干年后，当我终于得到离开一线教学岗位的机会时，我如释重负！

（十）

初为人师的时候，根本没有那么多的作业，一般按照教科书后面的习题要求，有选择地布置两到三题，也就让学生写在作业本上。

后来，由于升学率的逼压，就油印一些练习了。习题是老师选编的，需要钢板刻印，每天刻一些。也就一两张蜡纸吧。

再后来，就有了专门的配套练习出售了，渐渐地各种练习应有尽有，终于泛滥成灾。

从此，教师布置作业，就只说："今天作业，从××页到××页。"学生就慢慢做去吧。

改作业，的确是一个负责任教师的沉重负担。两个班一百多人，两个星期一篇作文，真叫我头昏眼花。

后来，受教改的影响，改了花样：学生参与批改、集体批改，倒是轻松了不少。随着配套练习的出现，一般就改为集体订正了，教师只负责批阅日期。

但是，负责任的教师，依然无法解脱。

面对作业，师生一样困惑。

（十一）

读书时，我们很怕老师，都觉得老师很神圣。

教书时，更能体会到学生对老师的敬畏。"老师说的"就是班级学生的最高指示。

天地君亲师，在相对封闭的农村，老师的地位会显得更高。

每次家访，家长死活都要留你吃顿饭，既为表达感激尊重之情，也为了自己的面子：看看，孩子的老师来我们家看望我们的孩子了！

每逢农历大节，都有一些家长，拎点青菜萝卜小鸡蘑菇，来给老师拜个节。

每逢学生考取学校，在农村而言，就是跳出"农门"，那是天大的喜事，家长更是殷勤邀约，期盼老师到家中喝杯喜酒。

在农家小屋，吃着农家菜，喝着高粱酒，没有排场，更没有档次；但那份喜庆，那份至诚，则是纯美芬芳的。

（十二）

初为人师时，我们是制定了"班规"的。如：迟到了，应该为班级做一件好事；打坏玻璃了，要照价赔偿；顶撞科任教师了，要在全班检查；和同学打架了，要将检讨书贴在班级一周；不交作业了，除了补做，必须接受补罚；违反了班规，而不履行接受处罚的，必须请家长来学校谈话……

有了班规，管理起来就方便多了。但是，班规也不是万能的。有些学生，总能在班规以外给你找些麻烦。比如，上课时不讲话、不捣乱，却打瞌睡了；布置的作业做了，只是过程省略、简化了。一句话，奇奇怪怪的事情多着呢。

说实话，我是用过体罚的。站黑板、打手心、罚扫地、罚抄作业，都用过。

奇怪的是，毕业以后相见，没有一个学生因为"体罚"而记恨我；相反，这些"体罚"全成了美丽的回忆了。

孔子早就教导："因材施教。"新课改以后，又反复强调人的"多元智能"。人与人之间是有差别的，教育就是要扬长避短，促进人的发展。

促进的基本方式：表扬和批评。表扬，一路绿灯，发展到"赏识教育"。批评呢？一路红灯，发展到"禁止体罚"。

其实，教师天天在表扬学生，如果见诸报道那就没有任何新闻价值。偶见体罚，便要大肆宣扬，从新闻的角度看，没有错误。问题是，将"体罚"的负面新闻放大后，收效如何呢？

现在教师，一味地表扬学生，将学生的优点无限放大，对学生的不足甚至错误也不敢批评，就怕一不小心成了"变相体罚"，是不是走到了另一个极端？

我不是为"体罚"招魂，我对触目惊心的"体罚"个案也怒目相向。但是，教育中必要的"规训"不可或缺！

严师出高徒，并非没有一点道理吧。

（十三）

第一次听到"学生家长委员会"，是在1997年。那时，我已经调入城市里的一所完中（既有初中，也有高中的完全中学），带高一语文兼班主任、年级组长。

此时，补课已经成风。补课，就意味着要向学生收取一定数额的补课费。因为教育乱收费，在社会上反映较大，教育行政部门便开始介入了。基本的政策是：学校补课收费，必须征得"学生家长委员会"同意，补课费也必须由"学生家长委员会"发放。

学校执行政策：成立相应的"学生家长委员会"。

高一年级组是这样操作的：每班选定一到两名学生家长代表，家长代表的基本条件：孩子的成绩要好。选定5至7人上报学校，学校同意后，再请这些家长来学校开个会，简单地分个工——推选出家长委员会主任（主席）、副主任（副主席）、组织委员、财务委员等等，反正都有个头衔，就这样，各个年级的家长委员会就成立了！

家长委员会成立之后，都会打个报告给学校，说是"因为课时紧张，家长们强烈要求教师补课"云云。学校自然是"应家长委员会强烈要求，同意××年级补课，补课费由家长委员会收取"等。

学期结束，开家长会议，家长委员会代表便做说明："经过家长委员会与学校协商，我们为孩子争取到了补课的机会。老师们十分辛苦，为此，我们每个家庭应承担合理费用。为减少麻烦，费用请班主任代收。账目，在适当的时候公布。"

作为家长，尤其是成绩好的学生家长，他们更愿意和教师搞好关系。这样的家长委员会，除了迎合学校、教师，还能做什么？

2012年"两会"期间，又看到要建立"学生家长委员会"的提案，真的不是滋味。

然而，"家长委员会"热热闹闹地成立了，据说，还是一项"成果"：家长参与学校管理！

（十四）

学校管理，在我看来，是一项十分严肃而科学的事情。

我们提出过"专家治校"的口号，但是，实际上能够治校的，一定是头上的"帽子"。没有帽子，再大的专家也无法治校。

所有中小学校长的头上（农村小学可能是例外），都有"帽子"，最不济的也给戴一顶"副科"吧。

最初工作时，学校只有一个校长，一个教导主任，一个总务主任。渐渐地，"领导"们越来越多了。现在的一般配置是，校级班子：书记一人、校长一人、副校长三人、工会主席一人；中层科室：办公室、教导处、总务处、教科室、团委等，每个科室，人员不等。这样说吧，凡是政府有的部门，学校基本齐全。

学校主事的，只有校长一人而已。这叫"校长负责制"。

学校班子，要紧紧团结在校长周围，学校教师要严格执行领导班子的制定的制度、条令。

"末位淘汰制""班主任选择教师"等新鲜时尚的制度，如雨后春笋。

假如，学校的领导没有"帽子"；假如，我们不看重考试成绩；假如，减少若干教学内容……教育会如何呢？

假如，你遇到了一位真正的好校长，那是福气。我们能遇到怎样的校长呢？却由不得自己选择。

（十五）

学生表彰，也是学校的一项重要工作。学生在校表现，和若干荣誉挂钩。

当我在思考这个问题的时候，我忽然觉得自己的脑子不够用了，因为，我总结不过来。于是，只得老老实实从我当教师的时候开始说吧。

从政治层面上看，有少先队员、共青团员、共产党员。

从班级组织上看，有班长、组长、学习委员、文体委员、组织委员等。

从特色层面看，有体育特长生、文艺特长生、英语特长生、计算机特长生等，还有各种"标兵"。

从竞赛层面看，有各种学科竞赛。

从学期表彰看，有三好学生（德智体）、五好学生（德智体美劳）、优秀学生干部等。

……

以上罗列，不是全部。所有的荣誉表彰，还可以分成校级、县（区）级、市级、省级。

各种各样的荣誉表彰，叫人眼花缭乱。有的表彰，不值一文；有的表彰，却有着很高的含金量。

最初，省级"三好学生""优秀学生干部"在高考中是可以加分。因省份不同，加的分值也不同，最低的也可以加5分。

特长生，在高考中可以加分。因报考学校不同，加的分数也不同。

我几乎年年担任班主任，年年要做这些工作。我以为，竞赛成绩相对过硬。荣誉表彰，倘若交给学生投票，相对公平；若有其他因素掺杂，就很难保证公平公正。

2010年前后，各省市先后取消了省级"三好学生""优秀学生干部"的加分政策，说是为了"公平"；特长加分，仍然保留。

好的政策，没有忠实的执行者，就会发生质变。加分政策，也是如此吧。

（十六）

1985年9月10日，我过上了自己职业生涯中的第一个教师节。

那天下午，学生放假，全体教职员工去乡政府礼堂开庆祝会。会议内容实在记不起来了，大体是：教师光荣，政府重教。

会后，每个与会教师都领到了两个暖水瓶，还看了一场免费的电影。

当时的两个暖水瓶，能抵得上半个月的工资。且教师的工资与领导相比，真的不差，因此"幸福感"真真切切。也因为如此，那些年我的许多同事都愿意坚守教育岗位，不愿意跳槽转岗。

第二个教师节，似乎还发了一本日历；第三个教师节，什么也没有发了。

以后的教师节，几乎变成了少数教师的表彰节。

（十七）

2000年以后，马鞍山市的民办学校萌芽了。

不久，颇具规模的"××双语学校"建成了。为了扶持这所引资建成的民办学校，市教育局出台了一系列政策。其中，就有（大意）：公办学校教师，可以去××双语学校就职，如果不满意，过几年还可以重回公办学校，回公办学校以后，各种待遇不变。

但是，绝大多数教师还是不敢去，那真怕砸破自己的饭碗啊。有几个敢于吃螃蟹的去了。

2004年3月5日，国务院总理温家宝签署第399号国务院令，颁布《中华人民共和国民办教育促进法实施条例》，自2004年4月1日起施行。

这以后，马鞍山市的民办学校进入了快车道。建中、成功、实验学校勃然兴起。

民办学校的兴起，减少了政府的财政支出。可是，学生家长的经济负担变得沉重起来了。

（十八）

我是1985年，在农村学校评的"中一"，这以后就中断十多年了。1996年，我调入市区一所普通中学，在职称问题上，只能"沉默"啊。

2001年，我参加"评高"。当时，我是两个教学班的语文教师，兼一个班的班主任、教科室主任、教导处副主任，又是市级首批骨干教师。我以为以我的资历，应该不存在问题了。可是，学校投票结果恰恰就让我"名落孙山"。

"名落孙山"的我，很是愤愤。因为这样，我对于不能评上职称的老师十分同情。不是他们不优秀，而是名额限定害死人。

打这以后，我决计要走了。去哪儿？不知道！

终于来了机会。马云霞老师从事中学语文教研工作几十年，她以为，我可以胜任她的工作。找我谈心，问我看法，我毫不犹豫地答应接她的班。

（十九）

2003年，离开教学一线的我，到市教育局教研室报到了。

人是到了，除"奖金"以外，其他的"关系"仍然在学校。

教研室是有编制的，因为"精简"的原因，编制被其他科室占用了。其他科室占用了教研人员的指标，教研室又必须用人，这就不得不占用学校人员的指标。这种现象导致十年前已经在教研室工作的人，关系还要挂靠在学校。

占着学校的编制，拿着学校的工资，人又不在学校干活了。学校有意见，教研员也名不正言不顺，毕竟是"借用"啊，难抬头。

不在这个岗位的人很难理解，事实就是这样。到现在，许多教研室都在"借人"。

我就是"借"过来的人员之一，好在借用时间不长。2004年，我就正式调入了。同事们说我撞了好运，十多年没有解决的问题，我来了就赶上了。

至此，我放弃了一线讲台，也放弃了在学校从事教学管理的机会，算是彻彻底底离开学校了。

（二十）

新中国成立以后，有鉴于前苏联经验，始有"教研员"。教研员工作的地方，叫"教研室"（有的地方也称为"教科院""教科所"等）。

1955年《人民教育》发表了《各省市教育厅局必须加强教学研究工作》的评论。它明确要求教研室的目标和任务是"参照苏联的先进经验"，研究当前教学中最主要问题，总结推广教学经验，检查教学质量，借以有效地指导改进教学工作，从而提高教学质量等。它还对教研员的选用、培养和管理等进行了规定，极大地促进了各级教研室的发展。

"文革"中，教研无人问津。

改革开放以后，高考升温，教研工作也跟着升温。1990年国家教委在吸收各地教研室制度建设优秀经验的基础上，正式出台了《关于改进和加强教研室工作的若干意见》，对教研室的组织属性、职能、工作任务、物质配备，教研员的职责要求、待遇、奖励制度等问题做了比较详细的规定。它是国家正式公布的最详细、最具权威性的教研室制度，也是当时最为成熟的教研室制度文本。它明确规定教研室是地方教育行政部门设置的承担中小学教学研究和学科教学业务管理的事业单位。

进入新世纪，教育理念异彩纷呈，专家遍地。有"专家"提出，应取消教研室；更多的"专家"认为，教研室应该成为地区课程发展中心，承担参与决策、专业引领与质量监测的角色。

现在形势基本明朗：教研室应该保留。

有了教研室，才有教研员。

（二十一）

教研员，其实是替教育行政部门"打工"。教研员的工作，和一线教师的教学工作有一拼。

新课改以来，教师教课分为必修和选修。教研员也有"必修"和"选修"的工作。

教研员的"必修课"是组织常规教研活动，如进课堂、编资料、命题目；"选修课"是调研、检查、应付各种临时差事。

我亲眼目睹了许多县级学科教研员，他们似乎更"惨"。专业上没有发展的机会，也不能专心研究教育教学，他们什么事情都做，成了机关里的万能膏药。

浙江省教研院主任刘保健曾经认真总结过教研员的生存状况，他说："课程改革少不了，多面挨批不讨好；指导教学少不了，个人成果看不到；提高质量少不了，论功行赏被忘了；教师成长少不了，晋级评优机会少；教育进步少不了，地位待遇并不高。"

从省级教科院领导的口中，唱出了翻版的《好了歌》，其中的无奈与酸楚可见一斑了！

（二十二）

一个合格的教研员，应该有相应的"职业资质"。他们要通观全局，登得上高台；要专业引领，站得稳讲台；要激励先进，搭得好平台；要规范

167

竞争，守得住擂台；要助师成名，耐得住后台。教研员既要基于学科，又要超越学科，眼界要高。在名利面前，要耐得住寂寞。

一个合格的教研员，应该有相应的"教研能力"。他们应该有自己的课堂话语，能与学生对话；应该有教学话语，能与教师对话；应该有行政话语，能与领导对话；应该有理论话语，能与专家对话；应该有专业话语，能与同行对话。

一个合格的教研员应该有自己的"专业优势"。他们要有一线的教学经验，要有行政的视野，要有较高的理论素养，要有较强研究的能力，要有搞好服务的本领，要知晓教育原理，要懂得育人规律，要关注教师的成长，要熟知学科特点，要懂得教育评价。

一个合格的教研员应该有自己的"专业气质"。他们要有"底气"，学识渊博，专业精通；他们要有"秀气"，要端庄儒雅，以理服人；他们要有"灵气"，要思维敏捷，别具眼光；他们要有"正气"，要民主公正，坚持原则；他们要有"大气"，要淡泊名利，善于合作。

……

以这样的标准来衡量，有多少教研员是合格的呢？我无法回答！

（二十三）

我希望自己能做一个合格的教研员。

深入课堂，这是我的基本工作。我每学期听课，大体在百节左右。

听完课，经常需要评课。而我，最怕评课。

说到评课，我就想到一个经典的对话——

"你从哪里来？"

"我从来处来！"

"你要往何处去？"

"我要往去处去！"

太多的评课，基本上就是一堆正确的、高妙的废话。

有一位资深的教研员谈及自己评课的经验："对年轻人，我看到的是长处，表扬多；而对于一些名师，我常常盯住他们的不足，批评多。"这种观点，充满了辩证智慧。但是，它也说出了评课中的一个基本的特点：强烈的主观色彩。

评课，都带有主观色彩，每个听课者都有自己的立场观点。"横看成岭侧成峰"，你说不好我说好，对立的情况常常见到。这里面，没有权威！教研员评课就一定能服人吗？

我以为，评课时要特别慎重，切忌信口开河。评课前，要做一些准备工作：了解教师的设计意图、了解教师的个性特点、了解教学对象的相关情况等，了解愈多，评课时的针对性就愈强，评课的观点就可能引起共鸣。

传统意义上的"评课"，主观色彩极浓，它可能就是一把"双刃剑"。既可以促进教师，也可能伤害教师。因此，我更愿意与教师当面交流。因为当面交流，既能把自己的心得告诉教师，也能听到教师的一些想法，是平等的。

我愿意将评课的话语权交给一线教师，我常常这样总结：评课，只是评课人的意见。你可以赞同，也可以不赞同。但听课者不能没有思考，我们就是要在这些思考中提高！

进入新世纪以后，华师大、北师大等一些高校在"课堂观察"研究上花了很多的工夫，找到了六十多个观察点，也设计出了许多表格，力争做到在评课时让"数据"说话。这种探索，极有意义。若能简化，使其便于操作、便于推广，当是一件幸事。

（二十四）

在一线课堂教学中摸爬滚打了二十多年，然后，又做了十多年的语文教研员。

往事历历在目，其中，有些倒苦水的意思。

在倒完苦水之后，我还有些话要说。

语文，是塑造灵魂的。语文老师的好，不在考试，而在未来。等时间积淀之后，那些愿意回忆母校的人们，一定会想起他的语文老师。所以，语文教师不寂寞，总会有人记得你、谈论你、爱着你。为此，我们真的应该努力给学生打点精神的底子，要学生学做真人。

语文的未来，一定是光明的。因为我坚信，随着国力强盛、民族复兴，我们的母语一定也会焕发青春。经典诵读的勃兴、传统文化的流行、孔子学院在世界各地的兴起，都在昭示着：我们的母语正在复兴！

新的"课程标准"，即将颁布，语文必将进入一个全新的时期。她是一门与国运紧密联系的课程，她是中华儿女的精神家园。

教研员，也不是可有可无的角色。从大环境来看，各级行政部门、各类专家已经越来越认可教研员了。现在教育部已经明确：各省市教研部门归属教育部基础教育课程教材发展中心，从此，各省市教研部门有了归属感。

2015年6月，教育部基础教育课程教材发展中心发布《关于采集基础教育教研机构和教研员基本信息的通知》，首次对所有教研员的基本信息进行采集。这种摸家底的行为，有利于整个队伍的建设，也有利于凝聚教研队伍的人心。

道路是曲折的，前途是光明的，一切都在好起来！

二、路漫漫，我求索（俞璐）

（一）

1986年12月11日，我出生在安徽省当涂县石桥医院。我来到这个世界的时候，我父亲已经做了五年多的语文老师了。父亲的工作单位是石桥中学，母亲的单位是石桥医院，我们的家就在校园里，是单位分的住房。

在遥远的记忆里，父亲爱钓鱼，因此，家里面常常有新鲜的鱼汤。父亲吹温了鱼汤，一小口一小口地喂我，我喝足了鱼汤，才肯跟着父亲一起背诵："鹅鹅鹅，曲项向天歌。白毛浮绿水，红掌拨清波。"母亲是做护士的，身上总有股淡淡的消毒水味，干净清爽。她常常牵了我的手走在校园里，教我唱"小板凳，真听话，和我一起等爸爸"。

再大一点，我变成了个超级外向的孩子王：胆子大、调皮、捣蛋。老师布置的临字和抄写，我往往都是胡乱画一通就算完事，然后就跑去操场带领一批小伙伴们玩耍。翻墙、爬树、抓鱼、偷果子，那都是我的拿手好戏。

偶尔，父母带我去商场，我常常跑得不亦乐乎，让父母到处找我；有时候，跟着母亲去上班，也会趁母亲不注意就溜之乎也，总要让母亲大呼小叫，我才会从某个角落钻出来。我喜动不爱静，母亲说我有多动症，大人们都说我像男孩。

只有一个办法能让我安静下来：给我一本书。

特小时候是连环画，长大一些是《十万个为什么》。我抱一本书就坐着不动了，小伙伴们喊我去采桑椹也不去了。母亲说："真是你老俞家的人，一闲着就喜欢抱本书！"

据说，祖父闲下来的时候也喜欢看书，虽然没有上过一天学。我们家里，就是书最多，父亲喜欢买书，我也是，这种习惯一直保持着。

除了我看不懂的书之外，我什么杂书都喜欢看，母亲的医学护理书我都翻。十岁前，我就翻遍了我爱看的家里的藏书。父亲有很多很多书，我印象中有一套百科全书，袖珍型的，一共有21本，有文字有配图，都给我翻烂了。

我真的看了很多的书。现在想来，父亲教给我的诗词和母亲教给我的儿歌，还有家里那满满一屋子的书报，就是我和语文最初的缘分。

也因为如此，我在做了教师之后都一直坚持着阅读，我深信：语文离不开阅读。

（二）

我的初中语文老师是一位甜美而温雅的年轻女教师，她偏有一个很男儿气的名字——魏志军。我犹记得有一堂语文课，魏老师讲到《论语》中

"学而不思则罔，思而不学则殆"时，恰逢我发呆走神。大约是想轻轻敲打我一下，魏老师便点名叫我起来翻译这一句。我突然被老师点名，还没从痴呆状中回过神来，只好赶紧站起来。一看句子，我会，于是顺利翻译："只学习却不懂思考就会迷惘，只是思考却不学习就会停止进步。"

魏老师看着我，同学们也看着我，似乎很惊讶。魏老师没有批评我，她只是说："我再送你八个字吧：行远自迩，登高自卑。切忌骄傲！"

对魏老师说的"八个字"，我似懂非懂。但叫我不要骄傲，我是真真切切地听清楚了。这以后，我再上语文课时，不敢发呆了，因为，我不敢骄傲，也没有资本骄傲。

我的高中语文老师名气很大，熟识他的人更喜欢称呼他为"大侠"，他的身上也的确有一股侠气，他是马鞍山二中的现任校长郭惠宇，他也是我在二中从教时的签过约的"师父"。他上课灵动开怀，下课眉飞色舞。印象最深的讲苏轼的那一次：郭老师讲到动情开心处，真正是手之舞之，足之蹈之，整个身体都随之起舞；然而，突然间郭老师的假牙毫无征兆地飞了出来，而他刚好左手向上一摆，竟完美地接住了。一切发生在一瞬间，是偶然的、更好像是排练好的情节。他愣了一下，大家也愣了一下，然后是哄堂大笑。而郭老师则潇洒地把假牙往嘴里一塞，之后他毫无芥蒂、坦坦荡荡地和我们一起哈哈大笑起来。我想，我从教之后能够跟我的学生们平等相处，从不端着老师的架子，从不觉得"师道"应该"尊严"，这是深受师父影响的。

（三）

2004年，我考大学，正是英语大行其道的年代。大家都觉得学好英语前途无量，即使不如意了，还能带些家教，赚点外快。于是，我听从我母亲安排，进入了英语系。

可是，我对英语并无感情，我真正喜爱的还是语文。在大二的时候，我曾哭闹着要回去复读重考。母亲坚决反对，父亲与我进行了无数次"交锋"，最终，达成妥协：我不再提"复读重考"了；考研究生时，父母也不再干涉我的志愿了。

2008年，我参加研究生考试。选择学校时，我不敢选择名校，毕竟，我不是中文系的学生啊。我选择了安庆师范大学，最终我以笔试总分第一名的成绩考入，专业是古典文学。

兜转四年，总算回到母语的怀抱，我可以堂堂正正学中文了。拿到"录取通知书"的那一天，父亲抽着烟，透过烟雾看着我，不知道是欢喜还是忧愁。

在安庆师范大学文学院里，在修学研究生课程之外，我还兼修了中文系本科的一些课程，辛苦是肯定的，可是，只有钻入"故纸堆"里徜徉，我天马行空的心才能安定下来。

我的导师魏远征老师，是一位恬静淡雅、不求名利的淑女。她研究庄子，并研究禅学、茶道，最近我得知魏老师在学校组织起汉服茶社，看其照片，在举手投足之间似乎更加超然了。我只有叹服，并暗暗欣羡。

自从回归语文之后，好运就似乎更青睐我了——

2010年8月，我以本科的学历参加了马鞍山市教育局的教师招聘考试，以第一名的成绩考入马鞍山二中；

2011年7月，从安庆师范大学顺利毕业，成为马鞍山二中教师队伍中的第一个文学硕士。

2014年10月，经学校和马鞍山市教育局同意，通过国家汉办的招聘考试，前往南非进行对外汉语教学。

2015年5月—10月，参加"安徽省教育厅直属事业单位招聘考试"，以第一名的成绩考入安徽省教育科学研究院，走上了安徽省高中语文教研员岗位。

在省教研员面试的时候，我遇到了这样一道题："谈谈你对语文学科的认识。"

现在想来，家庭的影响、师长的影响、个人的兴趣、生活的点滴，都关乎语文。语文就如同人吃饭一样：一日三餐，看似平淡，少吃一两顿似乎也无大碍，可恰恰就是那一顿顿饭菜，对于身体的重要性，无可替代！

语文也是如此，我们自小跟着父母学习儿歌，然后学拼音，然后学汉字，然后学文章……一路走来，平平淡淡，可正是这平平淡淡的语文构建了我们的精神家园。

（四）

马鞍山二中学生的素质是全市最好的，他们对教师的要求也高。第一次上讲台，我很紧张。第一课是毛泽东的《沁园春·雪》，我改了一个星期的教案，做了两天的幻灯片，有过无数自以为新奇的想法，最终却还是改成较常规的教案。上讲台前，要教的内容我背得滚瓜烂熟，可是手依然会紧张地发抖，教案依然攥在手里不敢放下。

高中阶段的教学，三年一个循环。从高一到高三，每篇教案都经过我数次修改，几乎每天晚上都备课备到12点。因为自觉中文基础太差，要补救的东西就太多。

但我比其他年轻教师幸运，因为我身边有一位随时可以请教的名师，他就是我的父亲。我的父亲在1981年就从事中学语文教学，先教初中，后教高中，是马鞍山市第一批"市级骨干教师"，2003年调入马鞍山市教研室任高中语文教研员。

我的每一篇教案都是先写出来再请父亲指导，然而我的初案基本都是被打回来的。从头到尾被批评一遍后，就在他的指点下重新写，写完再交上去挨批，然后再改，然后快速试讲一遍，最后自己做幻灯片。

这个过程持续了三年，也可以说是彼此"折磨"了三年。多少次我改教案改到深夜，母亲睡了一觉醒来看到书房还亮着灯，总要起来给我倒杯水，然后就要跟父亲生气。多少次我被批评得要崩溃了，一边哭一边重新改教案，改着改着就能趴桌上睡着了，第二天便只有扑着厚厚的粉来挡住黑眼圈。

这一切，都是为了站稳这个讲台。

（五）

每一个早晨，我都是很早到校。二中停车场的前三个位置总有一个是被我占了的，直到我离开二中。

到校之后，先去办公室烧上一壶水，倒一下垃圾。我在办公室里年纪最小，处处受到同事们的照顾，我很希望能为他们做一点——哪怕是微不足道的事。之后便去上早读课，其实早读课也没什么特别要做的，无非就是朗读、背诵，但是因为有教师在，学生们总要用心些。这四年来，只耽误过一次：开车时出了交通事故。

每一个中午，我都要在课前十五分钟到班级去报听写、查作业。其实我并不是班主任，下午没课也并不用签到。但是我依然跟学生们商量利用中午十分钟时间巩固识记内容，常常报听写，下午我改好，放学前发下去，第二天早上交订正稿。学生们配合得很好，并且视为常态。

每一次下班，我都是最后一个离开办公室。我总觉得有做不完的事情：要听课、要改各种作业、要抓紧时间向老教师请教各种问题，我成天都觉得时间不够用。有时候同事们都下班了，临走前跟我说："年轻就是好，不用自己买菜做饭接孩子的。"也确实是，我的母亲为我解决了所有的后顾之忧，使我有足够的时间和精力投入工作。第一个循环中的三年里，我连谈恋爱的时间都没有。那时候，母亲最着急要我相亲，但我没有大把的时间去上网聊天、去约会见面，我只能在周六晚上去跟人家匆匆见上一面，留个电话就溜之乎也。人家觉得我上完课之后应该很闲，可电话打过来，我不是在听课，就是在讨论问题，几次以后便没有下文了。直到第一届学生高考结束，他们放假了，我才轻松下来了。就在这个时候，我认识了我现在的爱人。

（六）

正式站在二中的讲台上时，我才23岁，知识与技能都存在不足。

我没有朗诵经验。但是，教学第一课《沁园春·雪》就必须要朗诵。

我一直固执地认为：在诵读上，教师的示范是不可或缺的。为了示范好，就跟着网上下载的音频文件学，一直学到"惟妙惟肖"才罢手。

我应试作文水平有限。除了自己参加高考时写过以外，就再没有碰过了。但我固执地认为：教学生写作，离不开教师的示范，所以，我一直坚持和学生一道写作。写着写着，就成了一种习惯。

我的知识储备还存在不足。这不是谦虚，因为，我本科不是学中文的。我跟着父亲恶补文言文中的好多语法知识，也不顾脸面，遇到同事就请教。三年下来，我补充了许多知识。

因为年轻，因为要学的太多，所以我决定"不要脸"。在参加赛课的时候，在论文评比的时候，在朗诵演讲的时候，在遇到任何疑问的时候，我都腆着脸去请教所有的同事。我已经不记得了：有多少次我在办公室里，我站在过道中间，耽误着同事们的休息时间，试讲自己的教案，请老教师们批评指正。

因为年轻，所以容易犯错。很多家长不愿意把自己的孩子交到年轻教师手里，我完全能理解这种心理。我小心再小心，专注再专注，还是犯过很多错，有时候因为备课不到位，有时候因为知识储备不够。每次犯错之后，我痛定思痛。首先是承认错误、决不掩饰，接着就是订正错误、记下错误，同样的错误不要再犯第二次。马鞍山二中有一个极宽容且睿智的领导班子，他们愿意支持同我一样年轻的教师们，他们认为，年轻人需要时间来成长。我的师父郭惠宇校长就曾经很直接地教诲我："年轻人受点挫折不要紧，直面挫折才有进步；犯点错也没什么大不了，知错能改善莫大焉！"

在马鞍山二中的讲台上，我勤勤恳恳，也跌跌撞撞，洒着汗水和泪水，收获着信任和荣誉。

知己知彼，百战不殆。我知道自己的不足，我直面自己的不足，我想办法补齐自己的不足，正因为这样，我自己觉得，我一直在进步！

（七）

2013年，我送走了我的第一届学生，我所带两个班级的平均分在我校18个平行班中分列第一和第三，至此，我的第一个循环才算圆满结束。

同一年，我被学校评为"最受学生欢迎青年教师"。这个荣誉，由全校师生共同投票而产生，我以为这是全校师生对我最大的褒奖。我现在已经离开了一线课堂，想必未来也不会再有如此殊荣，我将牢牢记住这个荣誉。

我已经不记得：我自己请了多少老教师来我的课堂给我指导、听我上课。渐渐地，渐渐地，终于有那么一天，我已经不需要攥着教案不放了，我已经能够轻松自如地把控课堂了，我已经不再青涩稚嫩而是充满自信了，我已经能熟练制作教学课件且充满了创意和美感……

2014年4月22日，我参加马鞍山市高中语文优质课大赛，我拿到了一等奖第一名。我真正明白了：你必须要很努力，才能看起来毫不费力。

从教以来，我还被学校评为"优秀共产党员"，还被评为"市优秀青年教师"。

一份荣誉，就是一份信任，就是一捧汗水。

马鞍山二中的讲台很"高"，因为讲台上的名师太多，而讲台下又都是优秀的学生。前有名师引领，后有学生催逼，年轻教师压力巨大。当我把压力变成动力时，我就能够走向自觉——

它鞭策我在每节下课后都默默反思，这节课还有哪些不足，还可以怎么改进。

它要求我不断学习，不断进步，跟着时代的步伐和变化的学情不断调整教学思路和方式。

它鼓励我力争上游，做一名深受学生爱戴的、响当当的老师。

在这个讲台上，我站了四年多，我站出了自信和勇气。之后，即使站在南非学校的讲台上，我也自信满满，毫不怯场。

2014年下半年，经过学校和马鞍山市教育局的批准，我参加了国家汉办举行的对外汉语教师招聘考试并顺利通过，成为一名公派汉语教师，在大连接受为期一个月的培训。之后，我被派往南非。

我在南非工作的单位，是"中国文化和国际教育交流中心（孔子课堂）"，它作为国家汉办直属孔子课堂，一直活跃在南非汉语教学的最前线，积极组织汉语推广工作。

在南非，我上过三次大规模的公开展示课。一次是在比勒陀利亚女子高中，该高中是南非最好的高中之一；一次是在比勒陀利亚黑人区的Isaac More公立小学；第三次是在华为公司为长期驻扎南非的中国员工的孩子们设立的华人教学中心。这三堂课的授课对象不同，展示目的不同，场面也不同。

1. 在比勒陀利亚女子高中上中国语言文化展示课。

这次授课的对象是女高的学生们，目的是招收愿意学习中文的高中学生。听课对象则是该校的董事会成员、教师以及南非基础教育部的官员。2015年是南非中国年，汉语推广工作借着这个东风才能真正起步。每一所学校的汉语课，尽管有了南非基础教育部的支持，但依然都是我们亲自去跟南非的每一所学校的校长去交谈，然后一所一所开展起来的。由于始终有不和谐的声音出来反对，因此，即使在学校内部宣传了也未必就有成效。这样一来，每一次中国文化公开展示课都很重要，它都是中文进入南非基础教育课堂大计划中的一小步。

这一次公开课，我使出浑身解数，在教学内容与技巧上都有精心设计，这节展示课得到了听课人员的高度认可。我们"交流中心"也因此得到校长和观察组官员的认可和支持，他们同意在比勒陀利亚女子高中开设中文课程，我们"交流中心"现场招收了24名学生，看起来不多，却创了我们"交流中心"的历史新高。

2. 在Isaac More公立小学上展示课。

Isaac More公立小学位于比勒陀利亚市所谓的黑人区。在南非独立之前，比勒陀利亚城区下午4点后是禁止黑人进入的，于是环绕着比勒陀利亚主城区设立了几个笼子一样的"黑人区"，这里基础设施缺乏，安全问题极为严峻。南非独立之后，逐渐打通了各区域之间的联系，打破了"黑白分明"的界限，黑人和白人也终于开始混居，但依然还存在着各种各样的问题。举一个最直接的例子：我去上课的那天，我听到了居民区不同方向传来的枪声。

然而这里的教师和孩子们热烈地渴望与外界沟通，他们对中国文化保持着一种单纯、好奇的热情。"交流中心"希望我的展示课能在这里产生影响，也希望自此之后能在黑人区开设中文课。在这节展示课上，我采用了互动交流的方式，开展了剪纸、踢毽子、打招呼等多种活动，如同文化交流、表演一般，热烈而欢快，我亲切而真诚的态度更赢得了一片掌声。

展示课结束以后，学生们纷纷与我合影留念，"交流中心"的领导更是喜笑颜开！

3. 在华为华人教学中心上展示课。

华为华人教学中心，是华为公司为他们长期驻扎在海外的员工们提供的福利。这些员工们在海外工作往往都是三至五年，有不少都带着家眷。公司虽然提供住宿，小孩子们的语文教学却成了最大的问题。有人说，出了国门的人对祖国的感情会更加深厚，我以为很有道理。我认识的所有走出国门的人，绝大多数都更加珍惜祖国的名誉和自己华人的身份，也更愿意让自己的后代接受中华文化教育。而在国外尤其是南非，想找一个靠谱的专业的中文教师，却很难。因此，当我们这些由国家汉办派出的教师到达时，他们真是十分热情地邀请我们去为他们的孩子们上课，教他们中文。

这次公开展示课没有任何文化障碍，纯粹就是海外华人的子女们对中华文化的响应。这次公开展示课规模较大，来的各级领导也较多，CCTV国际台和新华社等记者都到场采访了。我虽然紧张，却并不怯场。还是那句话，感谢二中的讲台给予我的磨炼和自信。

成功"hold住"三场大型展示课之外，在南非教中文，我竭尽所能，得到的回报是：深受本地学生们的欢迎。

我教语言，从拼音教起，给每一个学生起一个中文名字；我讲文化，教他们分辨十二生肖，跟他们讲孔融让梨，司马光砸缸；我带学生学剪纸，虽然我自己也是跟着电脑教程现学现卖；我教他们唱中文歌，从他们最熟悉的《茉莉花》，到流行音乐；我还带学生们跳广播体操，还有广场舞——我跟我母亲学来的广场舞，不仅是学生，老师们也跟着我起劲地跳。

我满怀着对祖国的热爱，在南非传播着中国文化。

（九）

在南非教中文，有许多故事，分享其中一个吧：亲历南非大使馆开放日。

2014年10月25日，紫葳花没有凋谢，依然怒放在比勒陀尼亚的每一条街道上，在满城梦幻般的紫葳花海中，一年一度的南非大使馆开放日又开始了。

大使馆开放日是各国驻南非大使馆向当地居民展示本国文化、增进彼此交流的平台。按照当地一般工作时间，从早上八点半开始到下午三点结束，在此期间，所有的人都可免费进入活动场地。因为这样，也就有很多学校组织学生前来参观。

我供职的单位是"中国文化与国际教育交流中心（孔子课堂）"，它对中国大使馆举办的各项活动，一向是全力支持。像这次大使馆的开放日（使节日），通知一下达，我们就紧锣密鼓地忙碌起来了。

是日一大早，"交流中心"负责人陆博士就带着我们精心设计的中国文化推广活动方案及五位老师前往展棚，协助大使馆开展工作。

我们推出的第一项活动是：中国武术表演。中心的武术老师徐世淳表演了太极拳、形意拳、组合棍、八卦掌、行剑等八种不同类型的中国武术。

表演场地设置在展棚外的草地上，徐老师每二十分钟表演一次。他时而伴随着铮铮琵琶乐，打出刚劲有力的苗拳；时而在舒缓的古筝声中，行云流水地演练着太极；又时而在跳跃的扬琴声中，挽出令人眼花缭乱的剑花。他的每一次表演都吸引了大量的观众，引来阵阵欢呼和掌声。中国武术，在南非受到热捧。

第二项活动是：给自己一个神秘的中国名字。活动的方式其实非常简单，由参与者写出自己的名字，告诉我发音及在他们语言中的意思，然后再由我根据他们名字的发音及意义起一个中文名字，并告知这个名字的中文发音及意义。取名并不难，但要取得响亮、取得有意义，还是很费精神的。如"萝娜""郝德莱"等。解释的时候，还难免要带些附会，比如解释"本"，我就会说它表示你是一个走到哪里都永远不会忘记自己祖国的人，你的祖国给你的力量也永远在你的心里；比如说"娜"，我就说它表示你天生美丽且走路姿势也非常漂亮，是回头率很高的那一种。他们听了就非常高兴，使劲跟我说"谢谢"，接着就要求我教读，他们也认真地跟读，生怕忘了似的。

有两个来自哥伦比亚的帅小伙非常有趣，他们偏要我给他们留下"墨宝"。我说我写得不好看，他们说："不不，一定跟你人一样好看。"没办法，只能勉为其难了。幸好他们不懂中国书法，只要不拖泥带水的，就足够震惊他们了。把他们哄走后没一会儿，这两人居然又带了一小队人来，还得让我写……下午临走前，又在门口遇到了，还喊我，挥手跟我打招呼，似乎把我当成了明星。

我发现，神秘的中国方块字在外国人眼中就如同一幅幅画一样，而用毛笔在宣纸上浓墨重彩写出来的毛笔字，简直就可以直接装裱起来做装饰了。因此，我们的展台前长长的队伍一直就没有间断过，成为当天最热闹的展棚之一。

中心推出的第三项活动是：马上说汉语。由我们几位教师现场教学，简单展示汉字的构成、笔画的顺序、发音，并带领现场观众执毛笔学写汉字，说"你好""谢谢""再见"等简单日常用语。

我遇到了一位印度的学者，他对中文的语音学非常感兴趣。他说他这次来"使节日"，就是想找到一个中文教师来探讨一下中文和其他文字在音节上面的共通性。他拿了一支笔给我讲了很多罗马音节和印度音节在词根和词缀上的共通性和不同点，可以看出来这真是一位潜心研究的学者，只可惜今天不是个探讨的好时机，排的队伍太长，我只好婉言请他留下联系方式，回头可以到"中心"来认真探讨。

这一天一直忙忙碌碌，几乎没有休息的时刻，只有中午的时候抽空吃了一口简餐（真是简餐，小麻球+小春卷+一点包菜炒洋葱+一点炒面+两个炸虾）。趁着中午短暂的休息时间，我抽空跑了出去，去其他展棚看了看。很可惜，我休息的时候，很多国家展棚里的工作人员也在抓紧时间休息，所以没有看到很多活动。仅在一个非洲国家前看到了"绕圈舞"（我给取的名字，就是大家在一起边绕圈边跳舞），于是兴高采烈地去跟着扭了一会儿。

下午一点半的时候，中国驻南非大使及夫人到达了展棚。他们看到：徐老师在打太极，围观群众众多；一位写好了自己中文名字的外国人刚挤出了队伍，他兴高采烈地对着大使就练起了刚学的汉语："谢谢！你好！我很高兴。"大使非常开心，当场就邀请他写了一张南非中国年的宣传标语。在活动结束之后，大使还特意打电话过来，对我们的工作做出了高度评价。

下午三点，使节日结束了。一天下来，没喝几口水又说个不停，嗓子都快冒烟了，一上车就先灌了一瓶水。

但我还是很高兴。因为有那么多外国友人喜欢我取的中文名字，还有很多外国友人，希望能够更深入一些了解中国语言文字的基本知识，他们问我到哪里可以学中文，甚至很多人还想了解如何到中国留学和做生意。我就想起出国前的培训：汉办老师出去并不完全是教语言的，你得代表中国人的形象，你待人真诚，你热爱和平，他们就认为中国人真诚、爱和平。

于是我觉得，我做的这些事情，真的很有意义。倘若有意义，吃点苦，值得！

（十）

我在南非住了半年以后，南非国家内部的各种暗流抑制不住开始爆发。随着移民局外的流民们的大量聚集，各种形式的暴乱也涌现在了街头，同时也就兴起了大量的排外游行，我们的人身安全也越来越得不到保障。国家汉办为我们的安全着想，同意我们5位公派教师全部撤回。

2015年5月，我回来了。

南非，是一个神奇的地方。如果不是机缘巧合，也许我一生都不会有机会前往那里，更不用说在那里上课了。

现在回想起来，我依然觉得南非很美，南非的人民很友善。我能够为传播中华文化、发展南非的中文教育做一点点贡献，我感觉心满意足。

（十一）

回国后不久，就得到教育厅直属事业单位招聘人员的消息，上网查查，果然如此。其中省教科院高中语文教研员岗位的招聘条件似乎特别适合：（1）硕士学历；（2）有在三年以上的高中教学经历；（3）35周岁以下。

于是，我就报名。

于是，顺利参加笔试。笔试考的是公共基础知识，所有参加过事业单位考试或公务员考试的人都熟悉。备考我也不过是和大多数人一样，买成套的书和卷子自己边学边做。考试的头天晚上，我反而不看书了，我和我先生在合肥街头闲逛着，品尝着小吃，逍遥得很呢。笔试结束后，我以为我一定会名落孙山了。谁知道，竟然得了个第一呢。直到笔试成绩公布后，我才如梦初醒，觉得这个岗位真的离我很近了。

我一直有自知之明，我一直认为：以我的资历和学识，是做不好省级教研员的。可是，这个时代就给了我这个机会，"逢进必考"，让有梦想的人们有了公平竞争的机会。

父亲在面试上，给了我很大的帮助。父亲做过二十多年的教师，又做了十几年的高中语文教研员，因此，他对教研工作有着深厚的情感和深刻的认识，对面试工作的程序和内容也有研究，在他的指导下，我准备了一个多月。

我信心满满地参加了面试，我的面试成绩是86.2分，又是第一。

于是，理所当然地进入体检程序。

公示期之后，11月中旬，我拿到了省人力资源和社会保障厅下发的"准调通知"。就这样，我于2015年11月20日，到省教科院报道，正式走上了安徽省高中语文教研员的工作岗位。

就省级教研员这个岗位而言，我是年轻的。可是，和同龄人比起来我还是有很多优势的。我在马鞍山二中这个全省排名前五的名校的讲台上锻炼了四年多，教出了一届优秀的学生；我依靠自己的能力走出了国门，在南非教授中文；我的老师郭惠宇校长在安徽省乃至全国都享有盛誉，我的语文就是他教的，我的语文教学也是他亲自指导的；我的父亲做了十几年高中语文教研工作，不说这些年我在他身边耳濡目染，单说真正走上工作岗位后，他给我的切实的指导，就是旁人得不到的。最重要的是，我相信我自己！

我刚刚进入而立之年，假以时日，焉知来者不如今也？苦心人天不负，只要我勤奋努力，就一定能立足岗位、做好本职工作。

（十二）

安徽省语文教学，经过安徽语文人的不断努力，真的是成绩斐然。安徽教师在"语文报杯"课堂教学大赛中连续获得九个一等奖，就是明证。

成绩，当然是巨大的。在成绩面前，我压力巨大，于是，就有了以下几点想法。

（1）自蔡澄清老师"点拨法"之后，我们再也没有一个能在全国叫得响的"牌子"了。郭惠宇老师的"灵动"，似乎局限在马鞍山市，顶多是在皖江城市带，在全省流传并不广，尽管郭惠宇的名气很大，尽管他也出了一本《灵动之美：郭惠宇老师教学艺术初探》，最终还是没能在全国范围内产生影响。

这让我想到这样一个问题：我们安徽语文人，是不是对名师成熟的经验总结不够，推力不足？

经过几十年的实践，安徽语文人总该有些成熟的经验吧？这些成熟的经验在哪里？

作为"80后"的教研员，我以为：我应该向前辈们学习，应该总结他们的经验，这是我的责任。

（2）从安徽走出去的一批名师，如陈军、邓彤等，个个都风生水起，客观地说，都比在安徽的时候出色，为什么？

原因是多方面的。我以为个人的不懈努力是内因，内因起决定作用；在外因中，环境十分重要。比如：上海的环境，是不是更有利于名师成长呢？

这样一想，就觉得：至今耕耘在安徽这块热土上的名师真的值得我们敬佩。我有责任和义务，为他们多唱赞歌。在为他们唱赞歌的同时，也存了一份私心：恳请他们，能够多多帮助我们、指导我们，使教育教学岗位上如我一般的"80后""90后"们迅速成长起来。

（3）在安徽语文人中，还有一支重要的队伍：特级教师。安徽省在岗的特级教师有多少？他们各有怎样的长处？我真的不知道，后面我会慢慢摸清。

由此，我想到：中语团队的建设问题。我们如何与高校合作？我们如何发挥团队的作用？

（4）在马鞍山的时候，我就读过马鞍山八中校长汤胜出版的两本专著。一个"70后"校长，就有这样的学术水准，实在难得。在安徽，他是唯一的吗？答案是"不一定"。

于是我想：安徽有人才，作为一个"80后"教研员，用怎样的态度和眼光来看待各种各样的人才呢？

……

路漫漫，我求索！求索的路上，需要众人的帮助。

结　语

从教师到教研员，我们的足迹是一样的。我们热爱语文，我们和语文纠缠不清，是有故事的人。

我们的故事很真实，绝无杜撰。假如这些故事，能够引起你对语文的兴趣，那就是我们最开心的事情！

我的教学案例

案例一

雄健冷峭　格高千古
——《桂枝香·金陵怀古》教案设计

俞　璐

（说明：这是2013年参加学校青年教师课堂教学大赛的教学设计，获一等奖。）

教学文本是《桂枝香·金陵怀古》，如下：

桂枝香·金陵怀古（王安石）

登临送目。正故国晚秋，天气初肃。千里澄江似练，翠峰如簇。归帆去棹残阳里，背西风、酒旗斜矗。彩舟云淡，星河鹭起，画图难足。

【教学目的】

1. 品赏词的语言，领悟这首词的雄奇、冷峭的风格。

2. 准确把握作者的感情。

【教学重难点】

准确把握作者的感情，是教学重点。

引领学生感受"雄奇、冷峭"的风格，是教学难点。

【教学方法】

诵读、讨论、探究。

【教学准备】

1. 学生预习——通读全词。清除文字障碍，了解字面意思。

2. 教师准备——多媒体课件。印发相关的赏析材料。

【教学课时】

一课时。

【教学过程】

一、金陵怀古，介甫绝唱（导入）

南京——距离我们最近的城市！

南京的别称，你知道多少？

金陵、建业、建邺、建康、石头城、天京等等。

教师明确：它在战国时期建城，名为"金陵"。是六朝（吴、东晋、南朝宋、齐、梁、陈）古都。

看历史的兴亡衰败，南京就是一面最好的镜子。对着这面镜子，无数的骚人墨客感慨万千，援笔抒怀——

"金陵怀古词是中国词史中篇制浩繁、体系完备的题材类型。"（南师大文学院教授高峰语）

仅仅是用"桂枝香"填词的"金陵怀古"，在南宋以前便有三十多首。

宋·杨湜《古今词话》载："金陵怀古，诸公寄调于《桂枝香》者三十余家，独介甫最为绝唱。"

今天，我们一起来学习王安石的《桂枝香·金陵怀古》。我们来看看，这首词作，为什么会成为"绝唱"。

二、领悟雄奇、冷峻的境界（内容赏析）

（一）读通词的字面意义

1. 录音听读（正字音、明节奏）。

2. 补注释，通句意。

桂枝香：词牌名，又名"疏帘淡月"。

故国：即故都，指金陵。

征帆去棹：征，远行；去，离开；帆、棹，借代船。意思是，来来往往的船只。

难足：难以表现出来。

星河：银河。词中指秦淮河。

彩舟云淡：彩船行于薄雾之中。

繁华竞逐：倒装句，应为"竞逐繁华"。

（二）视通万里胸襟阔——上阕赏析

1. 首句赏析

"登临送目，正故国晚秋，天气初肃。"请概括，写了哪些内容？

明确：事件——登临送目。

地点——故国。

时间——天气初肃、晚秋。

按照正常语序，应为"天气初肃，正晚秋，（在）故国，登临送目"。

为什么不按照正常顺序？这样的组合有什么好处？

诗词与散文不同，除了作家表达需要之外，还有格律要求。

这样组合之后，强调了"登临送目"，同时，也渲染了肃杀的气氛。

2. 视通万里胸襟阔

①思考："登临送目"（登高远望）之后，作者感受是怎样的？

"画图难足"——赞叹，江山如画，江山胜画，美！

②追问：在这幅画中，作者选取了哪些景物？

明确——依次是：江、峰、帆、棹、酒旗、彩舟、星河、鹭。

189

③这些选入词中的景物，有没有顺序安排？

明确——由远而近。

④这些景物呈现怎样的特点？

江：千里、似练。

峰：如簇（峭拔而多）。

船：云淡、残阳里（隐隐约约）。

⑤评价：选取景物的视野是怎样的？请用一个词语来概括。

明确："雄奇、阔大"等，有这类意思即可。

追问：在这种视野里，你体会到作者怎样的胸襟（气度）呢？

明确：豪迈、旷达、不拘小节的开阔胸襟。

教师小结：旷达，豪迈的胸襟，决定了作者的开阔视野，也决定了词的境界。上阕词写景，表现出的境界是——雄奇（雄健）的。

⑥概括上阕内容

明确——写金陵壮美的景色。

⑦教师引导：一般来讲，都认为上阕就是写景。可是深入一想，就有这样的一个问题：这些景物中，有没有人的活动？

明确——暗含了人的活动。如"征帆去棹"，来来往往熙熙攘攘的商人。"彩舟"，游玩卖笑的人。"酒旗"，各种各样的食客。

在这些人的活动中，我隐隐约约地读出了四个字"繁华竞逐"！它为"怀古"，埋下了伏笔。请看下阕。

（三）思接千载讽喻奇——下阕赏析

1. 下阕中，我读出了这样的关键词语。与大家分享——往昔、至今。

为什么我觉得这两个词语十分关键呢？请填下表

表1 《桂枝香·金陵怀古》关键词比较

比较内容	往昔	至今
特点	繁华竞逐	（彩舟，酒旗）繁华竞逐依旧
典型事件	门外楼头	商女时时犹唱
结局	悲恨相续	相续？
情感	叹	谩嗟（空叹）
写法	对比，借古讽今	

2. 通过这样的比较，你看出作者写作《桂枝香》的用意了吗？

明确：对"繁华竞逐"的现实不满，希望政治家（包括最高统治者皇帝）能够"居安思危"，也是对"不修政事、武备衰弛"的一种警告。

正因为这样，南宋·张炎《词源》评价："清空中有意趣，无笔力者未易到。"

3. 教师小结：面对繁华的表象，作者思接千载，他总结了六朝兴衰的历史规律，在历史规律中汲取教训，在教训中提出忠告，态度严肃，立意"冷峻峭拔"，独树一帜。

三、格高千古《桂枝香》（评价，小结）

（一）有境界则自成高格

王国维在《人间词话》中写道："词以境界为最上。有境界，则自成高格，自有名句。""能写真景物真感情者，谓之有境界。否则谓之无境界。"

依照王国维的标准，你如何评价《桂枝香·金陵怀古》？

这是一首富有境界（真景物、真感情）的词。

这首词中，作者的视野＿＿＿＿＿＿＿＿（开阔、视通万里、高远）。

这首词的体现出作者的胸襟＿＿＿＿＿＿＿＿（雄奇、阔大）。

这首词的立意＿＿＿＿＿＿＿＿（借古讽今，冷峻峭拔、深邃）。

（二）"一扫五代旧习"（清刘熙载语）

词始于隋唐。在晚唐、五代和宋初，大多以描写艳思恋情为主，风行于街市酒肆之间，极尽明丽浮华。历来有"诗庄词媚""诗言志，词言情"的说法。清代学者田同之说："诗贵庄而词不嫌佻，诗贵厚而词不嫌薄，诗贵含蓄而词不嫌露，之三者不可不知。"

以此来看，《桂枝香·金陵怀古》出现的价值，该如何评价？

"一扫五代旧习。"——（清·刘熙载）

贵庄、贵厚、贵含蓄，改变了词的本来面目，为豪放词的出现，开了先河！

教师小结：正因为如此，杨湜《古今词话》载："金陵怀古，诸公寄调于《桂枝香》者三十余家，独介甫最为绝唱。"

结语：格高千古《桂枝香》！

四、课后思考（课堂讨论）

"繁华竞逐"还在上演吗？

五、补　遗

（一）关于作者、作品

王安石（1021—1086），北宋政治家、思想家、文学家、改革家，"唐宋八大家"之一。字介甫，晚号半山，世称王荆公；又谥号为"文"，称王文公。北宋临川（今江西省抚州市临川区）。仁宗庆历进士。嘉佑三年（1058）上万言书，提出变法主张，要求改变"积贫　积弱"的局面，推行富国强兵的政策，神宗熙宁二年（1069）任参知政事。次年任宰相，依靠神宗实行变法。并支持王韶，取熙、河等州，改善对西夏作战的形势。因保守派反对，新法遭到阻碍。熙宁七年辞退。次年再相；九年再辞，还居江宁（今江苏南京），封舒国公，改封荆，世称荆公。卒谥文。

此词大约写于作者再次罢相、出知江宁府的时候。

（二）用典

词中运用了哪些典故？请归纳，并做些解说。

（三）南京

金陵——最早用于城名，是在战国时期。

三国吴，东晋，南朝宋、齐、梁、陈先后在此建都，六朝政治、经济、文化中心。吴称"建业"，东晋称"建邺"，后更名"建康"。东晋南朝相承不改。

应天府，是南京在元末与明代的旧称。

1853年3月19日太平天国定都南京后，将这座古城改名为天京。意为"天父所居之地"。

案例二

留取一段真情

——"如梦令"三首说课稿

俞　璐

（说明：这是2014年参加市优质课大赛时的说课稿，获市级一等奖。）

教学文本是"如梦令"三首，如下：

如梦令（苏轼）

为向东坡传语，人在玉堂深处。别后有谁来？雪压小桥无路。归去，归去，江上一犁春雨。

如梦令（秦观）

遥夜沉沉如水，风紧驿亭深闭。梦破鼠窥灯，霜送晓寒侵被。无寐，无寐，门外马嘶人起。

如梦令（纳兰性德）

正是辘轳金井，满砌落花红冷。蓦地一相逢，心事眼波难定。谁省，谁省，从此簟纹灯影。

尊敬的各位评委：

下午好！

我说课的题目是《留取一段真情》，主要说说"如梦令"三首的教学设计和教学构想。

一、心中有文

"如梦令"三首的作者分别是苏轼、秦观、纳兰性德，作者所处的时代虽然不同，但作品的体裁却是一致。它们都是词，都是小令。

二、心中有纲

诗言志，词言情。清人沈祥龙在《论词随笔》说："古无无情之词，亦无假托其情之词。"他明确地告诉读者，读词的关键在于读出词中情感。

《高中语文课程标准》中也有明确要求："在阅读鉴赏中，了解诗歌、散文、小说、戏剧等文学体裁的基本特征及主要表现手法。了解作品所涉及的有关背景材料，用于分析和理解作品。"

据此，我把本课的教学目标设定在三个层面中：

1. 准确理解、把握三首词中蕴含的情感。

2. 发掘重点词语中所隐含的文化内涵。

3. 赏析三首词中主要的表现手法。

同时，确定本课的重难点：把握词句情感，发掘文化内涵。

三、心中有法

我打算用一节课上完三首小令。

为上好这节课，我提前布置"预习"，印发预习资料。预习资料，主要是"如梦令"词牌的由来，以及关乎作者及文本的背景资料。

准备多媒体幻灯片，配合课堂进度。

在教法上，以质疑讨论和诵读赏析为主要教学方法。

四、心中有人

考虑学生的知识储备和诗词鉴赏能力，不同年级的学生不尽相同；文科实验班的学生，在诗词的理解感悟上能力较强，相对来说，理科的学生可能就较弱；而在同一个班级，学生的水平也高低不一。因此，如果学生们进入情境，答得较好，就放开让学生说；如果学生回答不出来，也采取鼓励的方式加以适当的引导，教师要适时介入。

五、心中有本

接下来，我将重点说说我的教学过程。

教学过程一：课前准备。

上课前，将播放由风中采莲演唱的"如梦令"，词是李存勖的，这将有助于学生理解"如梦令"词牌的由来。

教学过程二：整体构想。

这节课的整体结构如下：

留取一段真情

——"如梦令"三首教学设计

词贵真情抒发——导入。（3分钟）

留取一段真情——文本解读。（22分钟）

①在有疑处解疑——解除文字障碍，字词上读通。

②于无疑处生疑——读出字里行间存在的问题。

③读出一段真情——对三首词中主要情感的把握。

写情还需妙手——写作上的启示。（15分钟）

以我手写真情——课后练习（兼课堂小结）。（5分钟）

这样的结构，符合设定的"教学目标"，也突出了重难点。

下面，我将详细阐释"教学过程"的每个环节。

"词贵真情抒发"的导入语，是这样设计的：

"一首词就是一种情感体悟，一首词就是一段人生境遇。""长长短短几十字就是他们或忧惧、悲戚、惶恐、烦恼，或坦荡、旷达、狷介、疏狂的真情发露。"（郭蕾《宋词地图》）

今天，让我们与时间逆行，走近苏轼、秦观、纳兰性德，去体悟他们一段真实的情感。

我希望通过这样的导入，让学生初步了解"词发真情"的道理，为下一步学习文本打点基础。

"留取一段真情——文本解读"分三个环节：

第一个环节，在有疑处解疑。

1. 结合相关相关注释（通过课件展示出来），自读三首词。

我主要注释的词语是：东坡、玉堂、侵被、辘轳、金井、簟。

2. 在教师注释之外，解达学生自读之外的字词疑惑。

通过这个环节，解除文字障碍，字词上读通三首词。

第二个环节，于无疑处生疑。

讨论：读书可贵之处，在于读出"问题"，要会在"无疑处生疑"。请大家认真思考，提出你的问题。

（1）经学生讨论后，教师做出示范，提出十问：

①"传语"的人是谁？是作者吗？

②"东坡"听得懂"传语"吗？为什么要将其拟人化？

③"深处"的背后，隐藏了什么情感？

④"别后有谁来？雪压小桥无路。"这是谁在问，谁在答？

⑤"一犁春雨"能改成"一把春雨""一阵春雨""蒙蒙细雨"吗？

⑥秦观着力写"夜"，这个"夜"有哪些特点？你读出了怎样的内涵？

⑦在"鼠窥灯"这一细节中，你读出了哪些内容？

⑧"梦破"，仅仅是睡醒了吗？

⑨纳兰性德"如梦令"只写了一个中心事件，这个事件是什么？

⑩围绕这一中心事件，营造了一个怎样的氛围？带来了一个怎样的后果？

（2）"十问"讨论结束，接着，就学生提出的其他问题，师生共同解答。（课堂生成）

通过这个环节，我想培养学生"于无疑处生疑"的读书方法，把文本读深。

第三个环节，读出一段真情——对三首词中主要情感的把握。

1. 讨论：任选一首词，就词中的情感，谈谈你的理解并填表。

表2　"如梦令"三首教师提示与学生理解

教师提示	学生理解（参考答案）
无路了，情归何处？	远离官场，躬耕隐居
梦破了，情何以堪？	遭贬放黜，凄惶凄惨
缘浅了，情深奈何？	相思至深，用情极痴

2. 教师小结：

（1）"词之言情，贵得其真。劳人思妇，孝子忠臣，各有其情。古无无情之词，亦无假托其情之词。"（沈祥龙《论词随笔》）

（2）教师心语：无路了，情归何处？梦破了，情何以堪？缘浅了，情深奈何？苏轼、秦观、纳兰性德皆自言其情者也。

我以为，三首小令的精华，全在于各自的一段真情。把握住这点，就把握了三首小令。

"写情还需妙手——写作上的启示"主要从两个方面来设计。

其一，从写作角度来看，你认为三首词有哪些地方值得自己学习？

（学生漫谈，教师评价）

主要着眼点：叠句、修辞、多角度描写。

其二，学习本课给了你哪些启示？

形式和内容的统一，才是真正的"文学作品"。

（也可联系自己谈收获。教师评价，视学生发言而定。）

这个环节，主要谈写作上的启示。希望能在写作上，给学生以启发。

"以我手写真情——课后练习（兼课堂小结）"部分是这样设计的：

仿写"如梦令"，表达自己的一段感情。

教师示例（兼课堂小结）：

如梦令

正是春光无限，校园琅琅书声。研读词三首，思绪穿越驰骋。收心，收心，留取一段真情！

我想以课后练习的形式，让学生"仿写"练笔。

教师示例，其实，就是课堂小结。

而至此，我由开篇真情入，到这里由真情出，最终画成一个圆，完成了全部的课堂教学。

最后，说说我的"板书设计"。

留取一段真情

——"如梦令"三首

无路　　归去

梦破　　无寐

谁省　　灯影

标题，是这节课的灵魂。展开部分，是这节课的主要内容。

我的说课，到此结束。请各位评委指教，谢谢！

案例三

体物肖形　隐然有"我"

——《宋词三首》教学设计

俞　璐

（说明：这是我参加2014年马鞍山市高中语文优质课大赛时的教学设计，课上完后，取得了一等奖第一名的好成绩。可惜的是，获奖之后即将出国，没有机会参加省优质课大赛了。）

教学文本是《宋词三首》，如下：

卜算子（苏轼）

缺月挂疏桐，漏断人初静。谁见幽人独往来，缥缈孤鸿影。

惊起却回头，有恨无人省。拣尽寒枝不肯栖，寂寞沙洲冷。

卜算子（陆游）

驿外断桥边，寂寞开无主。已是黄昏独自愁，更著风和雨。

无意苦争春，一任群芳妒。零落成泥碾作尘，只有香如故。

卜算子（刘克庄）

片片蝶衣轻，点点猩红小。道是天公不惜花，百种千般巧。

朝见树头繁，暮见枝头少。道是天公果惜花，雨洗风吹了。

【教学目标】

1. 准确把握咏写对象的特点。

2. 鉴赏词中隐含的情感。

【教学重难点】

隐然有"我"。

【教学方法】

诵读、讨论。

【教学准备】

课前布置预习、制作多媒体幻灯片。

【教学课时】

一课时。

【教学过程】

一、味之无穷——导入

"咏物词是宋词中的一种重要题材类型，同时也是我国古代咏物文学的重要组成部分。在宋代词史上，咏物词名家辈出，名作如林，堪称是宋词的精华。"（路成文《宋代咏物词史论》）

"闻之者心动，味之者无穷"这就是咏物词的魅力所在。

今天，我们一起来研学宋代的三首咏物词，它们有一个相同的词牌，叫作"卜算子"。

二、体物肖形——把握外在形象

（一）体物——整体把握咏写对象

讨论：三首词的咏写对象分别是什么？

（孤）鸿、梅花、海棠。

（二）肖形——品味咏写对象的特点

1. 读图、选择、说理由——假如，要我们为三首词配一个恰当的图片，你会选择下列图中的哪一幅？

第一首词：（孤）鸿

图一

图二

图三

图四

（1）用排除法，先说排除某张图片的理由。

图一：是孤鸿，但是它已经"栖"于水面，很悠然自得，不符合"不肯栖"。且毫无"寒意"。

图三：符合"缺月"，却完全不是"孤鸿"。

图四：不合"疏桐"，不合"缺月"。

（2）结合第一首词，谈谈选择图二的理由。

环境：幽寂（缺月、疏桐、漏断人初静、寒）。

性格特征：孤傲（孤、无人省、不肯栖）。

教师小结：环境的幽寂、性格的孤傲，是这首词的灵魂。画中留空白，要靠词中文字和我们的想象来补充。

第二首词：梅

图五

图六

图七

图八

（1）用排除法，先说排除某张图片的理由。

图六：不是"寂寞开无主"。

图七：时间不对，不是"黄昏"；感觉是春光灿烂，更无一个"愁"。

图五：符合"驿外断桥边，寂寞开无主"的意境，甚至，也能体现"愁绪"，但是，那种受煎熬，受打击压迫（风雨摧残）的内涵，无从体现。

（2）结合第二首词，谈谈选择图四的理由。

图八中的梅花遭受冰雪的凌压，独自承受，内心凄苦，依旧自我开放。

这种内涵，最符合词的旨趣。

第三首词：梅

图九

图十

图十一

图十二

（1）用排除法，先说排除某张图片的理由。

图九：不见"枝头少"。

图十：满地落红，不是"风吹雨打"。

图十一：现代气息太浓，而且从画面看来，也只是"落红无数"。

（2）结合第三首词，谈谈选择图四的理由。

图十二最接近"天公不惜花，雨洗风吹了"的意境。通过联想：流水与雨水关联，花随流水，天公固然不惜花。

2. 读词、归纳、明特点——细读三首词，归纳三个咏写对象的特点，填写下表。

表3　《宋词三首》咏写对象的特点

咏写对象	特点（肖形）
（孤）鸿	环境的冷漠、性格的孤傲、无人理解的痛苦
梅	环境的困厄、外界的打压、自身的坚守
海棠	"轻红小"成就了"千般巧"，最终"雨洗风吹了"

三、隐然有“我”——读出内在情感

1. 刘熙载在《艺概》中说：“咏物隐然只是咏怀，盖个中有我也。”

教师解读：“我”是作者，这是说，咏物是为了“咏怀”，在所咏的物象中，有一个作者自己隐藏其中。我们通常说“借物抒怀”，也是这个意思。

2. 在这三首词中，各自隐藏了一个怎样的苏轼、陆游、刘克庄？

（1）教师做背景介绍。

①苏轼的这首词，有一个题目，叫作“黄州定慧院寓居作”。

宋神宗元丰二年（1079），苏轼因“乌台诗案”被捕入狱百余天，出狱后被贬为黄州团练副使，寓居定慧院。这首词作于元丰五年（1082）。

②陆游早年参加考试被荐送第一，为秦桧所黜；孝宗时赐进士出身，又被龙大渊等一群小人所排挤；在四川王炎幕府时欲经略中原，又见扼于当权者，不得遂其志；晚年赞成韩侂胄北伐，韩侂胄失败后被诬陷。

③刘克庄早年官至知县。因咏《落梅》诗得罪朝廷，闲废十年。后通判潮州，改吉州。理宗端平二年（1235）授枢密院编修官，兼权侍郎官，被免。后出知漳州，改袁州。淳祐三年（1243）授右侍郎官，再次被免……

（2）学生谈——各自“隐藏了一个怎样的苏轼、陆游、刘克庄”？

用这样的格式：

从“某句或某个词语”中，我读出了一个“什么样”苏轼（陆游、刘克庄）。

例句：从“缺月”这个词语中，我读出了一个与亲朋分离十分孤独的苏轼。

从“惊起”这个词语中，我读出了一个惊魂未定饱受折磨的苏轼。

从“拣尽寒枝不肯栖”这一句中，我读出了一个不愿意同流合污的苏轼。

……

例句：从“群芳妒”这个词语中，我读出了一个受小人排挤不得意的陆游。

从"香如故"中这个词语中，我读出了一个坚守高洁品格的陆游。

从"更著风和雨"这一句中，我读出了一个遭受打击的陆游。

……

例句：从"百种千般巧"这一句中，我读出了一个怀才自负的刘克庄。

从"雨洗风吹了"这一句中，我读出了一个遭受打击的刘克庄。

从"天公不惜花"这一句中，我读出了一个满腹牢骚、不被重用的刘克庄。

……

（学生评价展示，教师点评）

3. 教师小结

咏物词分为单纯咏物及托（借）物抒情、言志、明理两类。

这三首词，是较为典型的借物抒情。即借咏物，抒发自己的情怀。

对这一类词，屠隆在《论诗文》中认为：咏物诗当"体物肖形，传神写意"。即既要写出所咏之物的特点，又要借物抒发心中的情感。

刘熙载在《艺概》中说："咏物隐然只是咏怀，盖个中有我也。"

刘永济先生评曰："至其所托之情，不出作者所遇之世与其个人遭际之事，交相组织，古人所谓身世之感也。"

遵循上述理念，学习本课，我们抓住了八个字：体物肖形，隐然有"我"！

四、余韵留香——课后练习

教师点拨：有一个成语叫"买椟还珠"。每一个文本都自己的"椟"和"珠"，即形式与内容。

今天，我们品赏了内容，还有赏心悦目的外在形式，要留给你慢慢体会。

作业：从下面两题中任选一题，写一篇300字左右的短文。

1. 结合三首词，谈谈你对"借物抒情"的理解。

2. 谈谈《卜算子·咏梅》和《卜算子·海棠为风雨所损》中的对比手法。

主要参考书目

1. 《普通高中语文课程标准（实验）》，人民教育出版社2003年版。

2. 《语文必修一教师教学用书》，人民教育出版社2007年版。

3. 《语文必修二教师教学用书》，人民教育出版社2007年版。

4. 《语文必修三教师教学用书》，人民教育出版社2007年版。

5. 《语文必修四教师教学用书》，人民教育出版社2007年版。

6. 《语文必修五教师教学用书》，人民教育出版社2007年版。

7. 《2016年普通高等学校招生全国统一考试大纲（文科）》，高等教育出版社2016年版。

8. 《2016年普通高等学校招生全国统一考试大纲的说明（文科）》，高等教育出版社2016年版。

9. 万亚平、俞仁凤、陶年生主编：《灵动之美：郭惠宇老师教学艺术初探》，安徽大学出版社2005年版。

10. 张志公：《传统语文教育初探》，上海教育出版社1962年版。

11. 沈毅、崔允漷主编：《课堂观察：走向专业的听评课》，华东师范大学出版社2008年版。

12. 雷新勇：《大规模教育考试：命题与评价》，华东师范大学出版社2006年版。

13. 王荣生等：《语文教学内容重构》，上海教育出版社2007年版。

14. 邵光华：《教师专业知识发展研究》，浙江大学出版社2011年版。

15. 王世堪主编：《中学语文教学法》，高等教育出版社2005年版。

16. （美）杜威：《民主主义与教育》，陶志琼译，中国轻工业出版社2015年版。

17. （美）霍莉、（美）阿哈尔、（美）卡斯滕：《教师行动研究（第3版）》，祝莉丽、张岭、李巧兰译，中国人民大学出版社2014年版。

18. 邱磊主编：《"偷师"杜威：开启教育智慧的12把钥匙》，中国轻工业出版社2014年版。

19. 刘波：《教师成长力修炼》，宁波出版社2015年版。

20. 陈国杨：《语文教学的突围》，福建人民出版社2014年版。

21. 肖川：《学校，用什么来吸引学生》，北京师范大学出版社2015年版。

22. 郑杰：《给教师的一百条新建议》（修订版），中国人民大学出版社2015年版。

23. （美）奥尔森：《学校会伤人》，孙玫璐译，华东师范大学出版社2014年版。

24. 陈建华：《中小学发展规划》，北京大学出版社2013年版。

25. 徐继存：《教育学的学科立场——教育学知识的社会学考察》，北京师范大学出版社2014年版。

后　记

俞璐，生于1986年。本科学英语，硕士读古典文学，主攻明清小说。2010年参加马鞍山市教师招聘考试，以第一名的成绩考入马鞍山二中，成为一名高中语文教师。先后被评为"最受欢迎的年轻教师""马鞍山市优秀青年教师"。2014年下半年受国家汉办委派，去南非教中文。2015年参加安徽省教育厅直属事业单位招聘考试，以第一名成绩考入安徽省教育科学研究院，成为一名高中语文教研员。

俞仁凤，生于1962年。1981年服从组织分配，在马鞍山市当涂县石桥中学任教。1996年8月调入马鞍山六中。2003年年底，调入马鞍山市教研室（现更名为"马鞍山市教育科学研究院"）。现为马鞍山市教科院高中语文教研员，特级教师。

两人是父女关系。

父亲做高中语文教师，女儿也做；父亲做高中语文教研员，女儿也做。父亲做不了的，女儿可以去做。如，去国外教中文。

"桐花万里丹山路，雏凤清于老凤声。"这是自然规律吧。

父女俩热爱着母语，但凡有一点收获，每每喜形于色，所谓敝帚自珍。就这样，点点滴滴的收获，一直存放在各自的行囊中，累积着。

累积多了，就有了写作的冲动。

之后，在空余时间里，父女二人互相鼓励着，共同努力着，慢慢地就熬出了这本书的初稿。

我们把这本书的初稿寄给安徽师范大学王昊教授审阅，他在充分肯定本书的同时，也提出了很好的意见。他认为本书中的很多思考，能和一线教师形成共鸣、撞出火花，必将对"徽派语文"产生良好影响。基于此，我们将本书定名为《擦亮"徽派语文"的牌子——语文教研员关于"语文"的思考与实践》，我们真心想为"徽派语文"尽绵薄之力！真心感谢王教授的点拨！

我们知道，这本书还有许多瑕疵。但转念一想：尽善尽美的东西，实在难得；留有瑕疵，以便得到读者的批评和帮助，不是更能鞭策我们进步吗？

况且，书中的点点滴滴终究是自己的。我们心里明白，这本书的基本特点是：不虚妄，不逢迎，说真话。

因为这样，我们才有勇气把本书敬呈读者。

俞璐　俞仁凤

二〇一六年一月